1%의 생각법

1%의 생각법

물음표를 느낌표로 바꾸는 20가지 창의적 사고의 기술

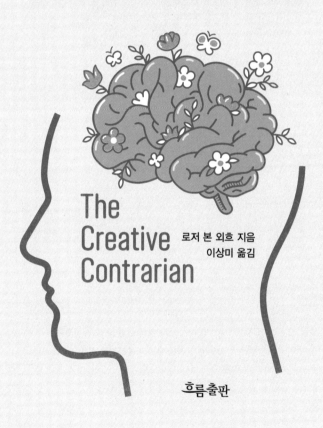

The
Creative
Contrarian

로저 본 외흐 지음
이상미 옮김

흐름출판

일러두기

- 도서, 잡지, 앨범 등은 『 』로 영화명, 노래 제목 등은 「 」로 표기했다.
- [ ] 안의 내용은 한국 독자들의 이해를 돕고자 옮긴이가 보충한 내용이다.
- 원서에는 영미권 독자에 맞춘 예시가 다수 수록되어 있어, 이 도서는 한국 독자의 이해를 도울 수 있는 것들만 일부 선별하여 수록하였다.

어리석은 자가 돼라

그리하여야 지혜로운 자가 되리라

발견이란 모두가 보는 것을 보며

다른 사람들이 하지 못한 생각을 하는 것이다.

— 알베르트 센트죄르지Albert Szent-Györgyi, 헝가리 생화학자

나는 평생 새로운 것을 구상하거나, 만드는 일을 해왔다. 우
리는 이를 '창작'이라고 부른다. 작가, 경영 컨설턴트, 강연자, 콘
퍼런스 제작자, 제품 개발자를 거쳐 지금의 장난감 디자이너라
는 직업을 갖기까지 생각이 어떤 방식으로 언제 가장 잘 작동하
는지는 나에게 가장 흥미롭고 중요한 숙제였다. 나는 혼자 있을
때면 이런 질문을 던지곤 했다.

"최고의 생각이 나올 때는 언제일까?" 오랜 고민과 연구 끝에 내린 결론을 말하자면 '현명한 바보Wise Fool' 역할을 맡을 때였다. 나는 다양한 일을 한 만큼 여러 성향의 사람들과 협업해 왔다. 그리고 유독 자유분방한 에너지로 예상 밖의 사실을 관찰하며, 사람들의 생각을 일깨우고, 습관적인 반응에서 벗어나 창의적으로 해결책에 다가가는 능력을 지닌 사람들에 매료됐고 나자신도 그런 사람이 되길 원했다. 나는 이런 이들을 '현명한 바보(또는 창의적 이단아)'라고 이름 붙였다.

서양에서 현명한 바보들은 흔히 현자, 마법사, 치유자 같은 전형적인 이름으로, 때론 영화에나 나올 법한 왕궁의 어릿광대 같은 모습으로 사람들의 마음속에 자리 잡고 있다. 이들의 역할은 소금과 같다. 집단적 사고와 소위 '상식'으로 불리는 관습에서 벗어나 유연한 방식으로 문제를 바라보며 기존 관점과 맞서왔다. 그래서 바보, 광인으로 취급받거나 심하게는 이단아로 불리며 배척당하기도 했다.

그러나 역사적으로 왕이나 황제, 파라오 같은 최고 권력자들은 일종의 '고정 관념을 깨뜨리는' 방식의 하나로 현명한 바보를 고용했다. 그들은 권력자가 전통적인 사고의 함정에 빠지지 않도록 왕의 생각을 일깨우는 역할을 담당했고, 이렇게 함으로써 통치자들은 앞에 놓인 문제를 새로운 시각으로 볼 수 있었다. 오늘날, 현명한 바보들은 조언자 역할에서 벗어나 시대의 아이콘이 됐다. 이 책에서 계속 소개하겠지만 나는 실리콘밸리의 혁신자, 학계의 혁명가, 기업계의 스타 경영자들 중에서 현명한 바보들을 매년 더 많이 발견하고 있다.

당신도 자신의 영역에서 창의적인 생각을 하고 싶다면 현명한 바보라는 모자를 쓸 필요가 있다. 이 모자를 쓰면 '가장 유연하고 멋진 생각을 떠올릴 수 있는' 상태가 된다. 평소보다 '바보' 같은 질문을 던지는 사람이 되는 것을 두려워하지 않으며, '알고 있다는' 진실을 다른 관점으로 들여다볼 수 있다. 성급하게 행동하지 않고 애매한 상황에서도 방향을 잃지 않는다. 예상치 못했거나 뜻하지 않은 일이 발생해도 평정심을 유지할 수 있다.

그러나 현실에서 아무 전략 없이 현명한 바보로 행동했다가는 그냥 미친자, 이단아 취급을 당하기 쉽다. 나는 IBM에서 이를 뼈저리게 배웠다. 수십 년 전 박사과정을 마치자마자 IBM 면접을 봤다. 당시에도 세계 최고의 회사였던 IBM의 면접을 준비하면서 IBM의 역사를 다룬 자료를 읽었는데 특히 한 구절이 눈에 들어왔다. 1960년대 초 이사회 회의에서 IBM 회장이었던 톰 왓슨 주니어Tom Watson Jr.가 IBM의 조직 문화를 설명한 말이다. 그는 대다수의 IBM 직원들이 비슷하게 생각하고 옷도 비슷하게 입으며 하는 행동마저도 닮았다고 한탄했다. 왓슨은 "지금 우리

에게는 야생 오리 몇 마리가 필요합니다."라고 말했다. 나는 면접에서 이 이야기를 인용했고(면접관들이 열광적으로 좋아했다.) 왓슨이 원하는 '야생 오리' 같은 인재가 되고 싶다고 말했다. 그렇게 IBM에 입사해서 일을 시작했지만, 곧 다음과 같은 사실을 깨달았다.

**무리 지어 대형을 갖추고 비행한다는 환경 안에서만
야생 오리가 되어도 괜찮다.**

나는 IBM에서조차 다른 방식으로 생각하는 것이 환영받지 못한다는 사실을 배웠다. 다행히도 내면에서 속삭이는 현명한 바보의 목소리를 외면하지는 않았다. 대신 방향을 바꾸기로 했다. 1퍼센트의 현명한 바보 관점으로 문제를 바라보고, 여기서 도출된 해결책을 무리 지어 비행하는 99퍼센트의 오리들에게 매력적으로 전달하는 법을 연구했다. 그리고 수많은 현명한 바보들을 연구하고 그들과 소통하면서 이 전략을 다듬었다. 그 결과물이 바로 이 책이다. 여기서 소개하는 전략을 하루 중 단 5퍼센트만 시간을 내어 활용해도 자신과 조직 모두에게 실질적인 이익이 될 것이다.

'현명한 바보처럼 생각하기'라는 용어가 생소하다거나, 현실에서는 작동하지 않을 탁상공론처럼 보일 수도 있다. 그러나 이미 당신은 그 기저에 깔린 세부 사항들을 알고 있으며 일부는 실행하고 있다. 예를 들어 다음과 같은 행동을 한 적이 있는지 돌이켜보자.

- 모두가 똑같은 생각만 하는 '미친 사람들'로 가득한 방에 있는 것 같은 기분이 든다. 그런 상황에서 용기를 내 반대 의견을 제시한 적이 있다.
- 일의 타당성을 검증하기 위해 당신이 평소 쓰던 방법을 버린 적이 있다.

• 목적을 달성하기 위해 직관에 반하는 행동, 이를테면 근무 시간에 카페에 앉아있기 같은 행동을 해본 적이 있다.

만약 하나라도 "예스"라고 답한다면 당신은 이미 현명한 바보의 기질을 갖고 있는 것이다. 내 삶을 되돌아보면 현명한 바보 '요령'을 어느 정도 알고 있었던 것이 기량, 능력, 신념을 포함한 정신적인 포트폴리오를 구축하는 자산이 되었다. 나는 혼자가 아니었다. 수년에 걸쳐 각계각층의 성공한 사람들과 이야기를 나누면서 많은 사람이 어느 정도 '현명한 바보'처럼 생각할 수 있는 역량을 갖추고 있고 그런 기질을 가진 것을 기뻐한다는 사실을 알게 됐다. 특히 이들은 무리와 반대되는 의견을 내야 할 때나, 새로운 의견을 내야 할 때 이런 사고방식이 큰 도움이 되었다고 한다.

함께 일한 현명한 바보들 중에 최고는 스티브 잡스였다. 회사를 차리고 몇 년이 지났을 무렵, 나는 당시 애플 회장이었던 스티브 잡스의 사무실에 있었다. 당시 20대 중반이었던 잡스는 애플을 창업한 지 얼마 되지 않았을 때였다. 우리는 다가오는 첨단 기술 콘퍼런스에서 잡스가 발표할 아이디어에 관해 이야기를 나눴다. 나는 잡스에게 애플을 창업한 이유를 물었다. 그의 대답은 이랬다.

"사용하고 싶은 제품을 직접 만들려고요. 늘 개인용 컴퓨터가 갖고 싶었는데 쓸 만한 게 없었어요. 그래서 직접 만들어야만 했죠." 그의 대답은 그 이후 줄곧 내 마음에 남아있었다.

잡스가 컴퓨터에 빠져 살았던 것처럼 나는 오랫동안 현명한 바보에 푹 빠져있었다. 그러나 이에 대해 참고가 될 정리된 전략이나 안내서를 찾아볼 수 없었다. 그래서 현명한 바보의 지혜와 전략을 담은 안내서를 쉽게 접할 수 있는 형태로 만들기로 결심했다. 이를 위해 역사 속의 인물들 중에서 사례를 찾고 내가 기업, 학계에서 만난 이들의 창의적인 생각법을 누구나 적용할 수 있도록 정리했다. 책에서 소개하는 현명한 바보 전략 20가지와 실천 방안이 그 결과물이다. 이 전략과 사례들은 삶의 다양한 시기, 예를 들어 생각을 다시 해야 할 때나 어떤 생각을 일부러 '잊어버려야' 할 때, 특히 인생에서 중요한 결정을 내릴 때 도움이 될 것이다.

역사상 가장 비범한 현명한 바보인 철학자 소크라테스에게 경의를 표하는 것으로 책을 시작하겠다. 알다시피 소크라테스는 지도와 영감이 필요할 때 의지할 수 있는 내면의 안내자인 자신만의 데몬daemon을 따르라고 했다(여기서 데몬은 악마가 아니라 기존 질서와 상식보다는 자신의 내면을 의미하는 상징이다). 우리 역시 각자의 귀에 데몬과 비슷한 무언가, 다시 말해 다르게 생각해야 하거나 군중과 다른 방향으로 가야 할 때 우리가 상의할 수 있는 내면의 창의적 이단아를 가지고 있어야 한다. 현명한 바보는 "가장 좋아하는 아이디어와 작별하세요." "다른 정답을 찾아보세요."라고 말한다. "위기 대응 근육을 단련하세요." 혹은 "때론 뻔뻔하게 행동하세요."라고 말하기도 한다. 간단히 말해 이 책은 당신에 다음과 같은 선물이 될 것이다.

다양한 시야를 가지도록 도와주는 자극제이자 집단 사고에 순응하는 것에 대한 해독제.

이 책을 앉은 자리에서 한 번에 다 읽을 수도 있다. 하지만 나는 '다르게 생각'하기 위해 약간의 영감이 필요할 때마다 언제 어디서든 꾸준히 활용할 수 있는 자원을 만든다는 일념으로 이 책을 썼다. 내가 만든 여러 가지 제품, 예를 들어 기존 저서 『꽉 막힌 한쪽 머리를 후려쳐라』나 창의력 각성 팩 카드와 어플, 각성의 볼 시리즈 장난감 같은 창의력 양성 교구에 익숙한 독자들도 있을 것이다. 그렇다면 내가 무리에 반하는 행동을 하는 현명한 바보들을 좋아한다는 사실을 이미 알고 있을 것이다. 내가 현명한 바보에게 생명을 불어넣기 위해 사용했던 몇 가지 일화 역시 알 수도 있다. 이렇게 지속해서 떠오르는 생각들이 당신의 생각을 반짝이게 해주고 현명한 바보처럼 생각할 수 있는 영감을 줄 것이다.

다른 관점이 필요하다거나 집단 사고에 빠져 있어서 잠시 뒤로 물러날 필요가 있을 때 이 책이 가치가 있다는 것을 알게 되길 바란다. 여러분이 이 책에서 말하는 개념을 가지고 작업하고 노는 것을 즐기리라 믿는다. 호기심을 가지고 상상력을 발휘하라!

캘리포니아 우드시이드에서

로저 본 외흐

차 례
contents

제3부 당신만의 현명한 바보 전략 활용하기

1퍼센트의 이단아, 현명한 바보들

어릿광대는 종종 예언을 입증한다.

— 윌리엄 셰익스피어William Shakespeare, 영국 극작가

1장.
관점을 재설계하는 사람들

. . .

까다로운 문제를 처리하는 중인데 아무리 애를 써도 잘 해결되지 않는 상황이라고 가정해 보자. 제대로 하는 것 같은데도 일이 잘 풀리지 않는다. 더는 상상력을 발휘하기 힘들거나 분별력이 흐트러졌을 수도 있다. 창의적으로 해결해 보려고 다양한 기법을 시도해 봤지만, 여전히 꽉 막힌 느낌이 든다. 그러면 당신은 이런 생각이 들 것이다.

누가 색다른 관점을 제시할 수 있을까?

대답을 하나 해주자면, 문명이 시작되던 때부터 많은 문제 해결사와 의사결정자가 자신의 상상력을 자극하고 판단력을 기르기 위해 던진 질문을 당신도 한 것이다.

난관에 봉착했을 때 이집트 파라오들과 바빌로니아 왕들은 현명한 바보와 상의했으며 그리스 독재자들과 로마 황제들도 현명한 바보의 의견을 따랐다. 그들은 페르시아 술탄과 아프리카 원주민인 푸에블로족Pueblo, 아메리카 원주민인 호피족Hopi과 수족Sioux의 수장들에게도 조언했다. 현명한 바보는 중국 황제의 궁정에서 중요한 역할을 담당했으며, 중세와 르네상스 시대의 유럽 왕족들도 앞다투어 이들을 고용했다.*

이 현명한 바보들은 어떤 일을 했을까? 간단히 말하자면 왕이 습관적인 사고방식에서 벗어날 수 있도록 생각을 '깨뜨리는' 일을 담당했다. 왕의 측근들은 대개 '예스맨'들과 왕이 듣고 싶어 하는 말만 골라 하는 아첨꾼들로 가득했다. 왕은 이런 환경이 결정을 내리거나 발전적인 대안을 떠올리기에 그다지 좋지 않다는 사실을 알고 있었다. 왕은 기존의 관점과 상식을 완전히 뒤엎는 발상의 전환을 위해 현명한 바보에게 논의 중인 일을 풍자하거나 조롱할 수 있는 권한을 주었다.

---

* 남녀 모두 현명한 바보가 될 수 있었으며, 모든 사람이 그 자리에 지원할 수 있었다! 하지만 역사적으로 궁중에서 이 역할을 담당했던 사람들은 대부분 남성이었다.

왕은 현명한 바보의 솔직한 농담과 의견을 들음으로써 문제를 참신한 시각으로 바라보고 생각을 다시 한번 검토할 수 있었다. 이를 통해 판단력과 창의력을 길렀으며 집단 사고가 지배하는 환경으로부터 자신을 보호했다.

현명한 바보들은 사물을 어떤 방식으로 볼까? 그들은 기존 방식과는 전혀 다르게 흘러가는 세상에서 활동한다. 우리가 일상적으로 인식하고 이해하고 행동하는 방식은 그들에게 그다지 의미가 없다. 대신 그들은 시시한 것을 극찬하고 고위층을 우습게 여기며 어떤 상황에 대해 사람들이 지닌 일반적인 생각을 패러디한다. 이들의 역발상 접근 방식을 잘 보여주는 몇 가지 예를 살펴보자.

일반적인 생각에 이의를 제기한다. 한 남자가 말 위에서 뒤쪽을 바라보고 앉아있다. 현명한 바보는 "왜 사람들은 말이 반대 방향으로 서있다고 생각하지 않고 남자가 말에 거꾸로 탔다고 생각하는 거지?"라고 말할 수도 있다.

규칙에 얽매이지 않는다. 어떤 정책을 살펴볼 때 그와 반대되는 정책 역시 타당한지 생각해 본다. 많은 조직에서 "우리는 최고가 되는 데 전념합니다."라는 가치를 지지한다. 반면 현명한

바보라면 "평범함을 추구합시다. 제품 개발 시간 단축, 교육 훈련 비용 절감, 품질 관리 비용 절감 및 생산 시간 단축 등의 장점을 생각해 보세요. 우리가 파는 제품이 평범하다면, 더 공격적인 판매 전략을 도입해야 합니다. 저는 우리가 성공하리라고 확신합니다. 평범함만큼 성공적인 것은 없어요. 왜냐하면 모든 사람이 너무나도 잘 이해하고 있기 때문이죠."라고 말할 것이다.

불손하다. "부자는 수건에 싸서 주머니에 넣고, 가난한 사람은 버리는 것은?"처럼 어렵지만 재미있는 문제를 내놓는다. 현명한 바보가 "콧물"이라고 답을 알려주면, 우리는 가장 기본적인 위생 수칙에 대한 지식을 다시금 생각해 보게 된다.

터무니없는 이야기를 한다. 당나귀를 잃어버린 현명한 바보가 무릎을 꿇고 신께 감사 기도를 드리기 시작했다. 지나가던 사람이 그를 보고 "당나귀를 잃어버렸는데 어째서 감사 기도를 드리는 거요?"라고 묻자, 현명한 바보는 이렇게 대답했다. "제가 당나귀를 타지 않도록 돌봐주셨기에 감사드리는 겁니다. 당나귀를 탔다면 저도 실종되었을 테니까요."

독특한 질문을 던진다. "치즈를 넣어둔 냉장고에 장미 열두 송이를 넣어두었다가 다음 날 꺼냈는데 꽃에서 치즈 냄새가 난다면, 그 치즈에서도 장미 향이 날까?"

역설적이다. "집에 왔을 때 깜짝 놀랄 만한 일이 생길 거라고 예상했으나, 어떤 일도 생기지 않았다는 것에 놀랐다." 비트켄슈타인Wittgenstein, "내가 그대들에게 말하려는 진실은 모두 뻔뻔한 거짓말이다." 커트 보니것Kurt Bonnegut, "일시적인 것만이 지속적인 가치를 지닌다." 유진 이오네스코Eugene Ionesco

대부분의 사람이 간과하는 것들을 관찰한다. "커피에 우유를 부어 마시는 사람들은 왜 커피를 다 따른 뒤에 우유를 넣을까? 우유를 먼저 넣은 다음 커피를 부으면 젓는 수고를 덜 수 있을 텐데 말이야."

이해하기 어려운 말을 하곤 한다. "무언가를 보는 가장 좋은 방법은 귀를 사용하는 것이다." 이 말이 이상하게 들리겠지만, 곰곰이 생각해 보면 잘 구성된 이야기나 시를 들으면 TV나 비디오를 볼 때보다 상상력이 더 자극된다는 데에 당신도 동의할 것이다.

삶을 은유의 연속으로 바라본다. 지능 검사에서 "다음 중 맞는 표현은 무엇일까? 1) 새가 씨앗을 먹는다, 2) 씨앗이 새를 먹는다."라는 질문을 받는다면 현명한 바보는 "1번과 2번 둘 다요." 라고 대답할 것이다. 죽은 새들이 땅에서 썩어가면서 양분이 되어서 땅에 갓 뿌려진 씨앗을 먹이는 것까지 생각하기 때문이다.

이처럼 현명한 바보는 우리가 다른 방식으로 생각하고, 인식하고, 행동하도록 자극한다.

- 엉뚱한 논평을 해서 예전에는 관련이 없다고 생각했던 정보에 집중하게 만든다.
- 농담하는 듯 일침을 가해 색다른 가정을 생각해 낼 수 있

도록 영감을 주거나 진부한 가정은 버리게 한다.

- 명백한 사실에 대해 솔직하게 서술해서 우리의 오만함을 내려놓게 만든다.
- 냉철한 솔직함으로 우리가 새로운 아이디어를 실현하면서 맞닥뜨릴 장애물들을 제대로 가늠하도록 돕는다.

그러니까 현명한 바보란 우리가 하는 일을 다른 방식으로 볼 수 있게 해주며, 현재보다 더 나은 해결책을 찾도록 깨닫게 해주는 인물이다. 노벨물리학상 수상자인 덴마크 물리학자 닐스 보어Niels Bohr는 획기적인 발상을 생각해 내는 좋은 방법은 다른 관점을 가진 1%의 이단아가 되는 것이라고 여겼다. 보어는 동료들과 긴박하게 브레인스토밍을 하다가 이렇게 말하곤 했다.

자네 생각이 미친 짓이라는 건 우리 모두 알고 있네.
문제는 충분히 미쳤는가 하는 거야.

하지만 현명한 바보를 엘리베이터 타고 끝까지 올라가지도 못하는 얼간이나 지진아, 벨트를 고리에 끼우지 못하는 멍청한 놈, 추 없는 종을 들고 다니는 멍청이라고 여기는 사람들이 여전히 많다.

그건 전혀 사실이 아니다! 현명한 바보 역할을 하려면 지성, 상상력, 영리함, 통찰력이 필요하다. 훌륭한 현명한 바보라면 어느 정도 시인, 철학자, 심리학자가 되어야 한다. 그들은 사람들의 사고의 폭을 넓히도록 돕는 능력으로 어떤 문화권에서는 성직자, 치료사, 주술사만큼이나 존경을 받았다.

현명한 바보가 보여주는 익살스러운 행동과 관찰이 가진 가장 큰 장점은 우리가 생각하도록 자극한다는 것이다. 마치 졸릴 때 차가운 물을 확 끼얹는 것처럼 우리의 정신을 번쩍 들게 해준다. 현명한 바보의 생각이 마음에 들지 않을 수도 있다. 짜증이 날 때도 있고 어리석거나 쓸모없다고 생각할 수도 있다. 하지만 그들은 상황을 다르게 바라보는 방법들을 잠시나마 즐기게 해준다.

2장.
생각에도 후진 기어가 필요하다

. . .

1장에서 우리는 창의적인 번뜩임이 필요할 때 수시로 상담할 수 있는 현명한 바보가 있으면 좋다는 사실을 확인했다. 하지만 사물을 정확히 볼 수 있도록 도와주는 사람이 하나도 없다면 어떻게 해야 할까? 답은 간단하다.

스스로 현명한 바보가 돼라.

당신은 똑똑하다. 그렇지 않은가? 유머 감각이 있는가? 다양한 방식으로 사물을 볼 수 있는가? 그렇다면 현명한 바보라는 모자를 쓰고 잔꾀를 부려보라. 그러면 마음이 열리고 명확하게 판단을 내릴 수 있을 것이다. 다음 몇 가지를 시도해 보자. 기존 추측을 조롱함으로써 당면한 문제를 비웃어 보라. 현재 상황에서 위선을 짚어보라. 문제를 뒤집어서 살펴볼 때 취할 수 있는 이득을 생각해 보라. 다른 사람들이 당연하게 여겼던 것을 의심해 보라. 모호한 점을 강조해 보라.

현명한 바보처럼 생각했을 때를 떠올려 보자. 더 창의적이었는가? 색다른 의견을 많이 냈는가? 더 대담해지고 위험을 덜 회피했는가? 일이 더 즐거웠는가? 전부는 아닐지라도 대부분 질문에 '네.'라고 대답했을 것이라 확신한다.

현명한 바보 사고방식은 우리 마음속에 자동차 변속기가 있는 것으로 비유할 수 있다. 대부분 기어는 앞으로 나아가고 원하는 곳으로 이동할 수 있도록 설계되었다. 하지만 가끔 꽉 막혀서 앞으로 나아갈 수 없을 때는 후진해야 한다. 그렇게 뒤로 빠져야 다시 앞으로 나아갈 수 있다. 물론 주로 주행 기어를 사용하겠지만 적절한 상황에서 후진 기어를 사용하는 것이 중요하다.

이와 비슷하게 우리는 주로 앞으로 나아가고 문제를 해결하기 위해 사고하고 전략을 세운다. 하지만 가끔 난관에 부딪혔을 때는 현재 상황에서 벗어나 다른 방향으로 나아갈 수 있어야 한다. 그것이 바로 현명한 바보가 하는 모든 것이다. **현명한 바보를 마음속 후진 기어라고 생각하라!** 운전할 때 자동차 후진 기어를 자주 사용하지 않듯이 현명한 바보 사고방식을 채택하는 시간 역시 5퍼센트 미만으로 그리 길지 않을 것이다.

현명한 바보처럼 생각한다고 늘 옳은 답을 찾거나 문제를 해결하는 것은 아니지만, 틀에 박힌 생활에서 벗어나 새로운 사고로 더 나은 해결책을 찾도록 도와준다.

현명한 바보 역할을 하는 것은 재미있을 뿐만 아니라 당신이 가진 가장 기본적인 관점을 되돌아보는 좋은 방법이기도 하다. 때로는 현명한 바보처럼 관찰한 후에 기존의 생각을 버릴 수도 있다. 하지만 이후에도 그 관점이 변하지 않는다면 애초에 왜 그렇게 생각했었는지 더 잘 이해할 수 있게 된다.

3장.
1퍼센트의 생각법, 현명한 바보 전략

...

스스로 현명한 바보가 되는 것은 어느 정도로 쉬울까? 어떤 사람들은 "그거야 식은 죽 먹기죠. 그저 스위치를 돌리기만 하면 됩니다."라고 대답한다. 하지만 이런 사고 전환이 어려운 사람이 더 많다. 현명한 바보처럼 생각하고 창의적으로 반대하는 사람이 되는 것은 우리가 기존에 배운 일하는 방식과 배치되므로 이런 방식으로 생각하려면 약간의 도움이 필요하다.

자, 이제 현명한 바보 전략을 소개하겠다. 이 아이디어를 읽으면 현명한 바보처럼 사고하는 요령을 배울 수 있다! 몇 년 동안이나 나는 현명한 바보가 현실을 인식하고 세상을 살아가는 방법이 궁금했다. 특히 그들의 행동에서 기본 요소들을 찾아서 현명한 바보를 따라 하고 싶은 사람이라면 누구라도 따라 할 수 있게 만들고 싶었다.

그러기 위해서 나의 사고 성향을 분석했고, 내면의 현명한 바보를 제대로 활용하는 능력을 갖춘 여러 사람과 의견을 공유했다. 더불어 많은 과학자, 예술가, 작가가 창작 과정에서 특히 현명한 바보처럼 행동함으로써 새로운 관점을 얻었을 때 무엇을 발견했는지 실마리를 찾기 위해 다양한 작품을 연구했다. 나는 사람들이 창의적 이단아처럼 생각할 때 다음과 같이 행동한다는 사실을 발견했다.

- 의견을 내는 방법으로 유머를 사용한다.
- 대안을 찾는다.
- 다수의 관점에 순응하기를 꺼린다.
- 놀이를 정신적 윤활유라고 생각한다.
- 시험 삼아 자신만의 규칙을 만들어 본다.
- 상투적인 생각을 비웃는 것을 좋아한다.
- 위험을 무릅쓰는 용기를 지녔다.

이러한 연구 결과를 바탕으로 현명한 바보가 문제를 다루거나 신중한 결정을 내리거나 일을 다른 방식으로 하고 싶을 때 사용하는 20가지 전략을 골랐다. 그 목록을 다음 쪽에 나열했다. 이 각각의 전략은 현명한 바보가 우리에게 해줄 수 있는 조언이다. 전략을 처음부터 끝까지 읽어보면 반대, 창의, 주의라는 세 가지 유형의 조언을 제공한다는 것을 알 수 있다.

반대: 현명한 바보가 집단 사고 상황에서 벗어나 자기 생각을 표현하는 방법을 다룬다.

창의: 경험적으로 파악한 문제 해결법과 창의적 조언을 혼합해서 제시한다.

주의: 예측할 수 없는 세상에서 현명한 바보가 던지는 경고를 다룬다.

이를 한데 묶으면 현명한 바보 사고방식 개론이 된다. 이 전략들을 적절히 활용한다면 관성이라는 벽에 부딪히더라도 다양하고 독창적으로 사고할 수 있을 것이다(각 전략에 대해서는 2부에서 상세히 소개한다).

창의적으로 사고하려면 자신의 경험과 동떨어져 보이거나 동의하지 않는 사실에 주목해야 한다. 특히 동의하지 않는 항목에 대해 시간을 들여 생각하다 보면 뭔가 떠오르는 경우가 많다. 관련이 없다고 여겨 제쳐두거나 그다지 매력적이지 않다고 여겼던

1%의 생각법, 20가지 현명한 바보 전략

1. 대세를 거스른다
2. 위기 대응 근육을 키워라
3. 유머의 힘
4. 두 번째 정답이 있는가
5. 일을 놀이처럼, 놀이를 일처럼
6. 뒤집어 질문하기
7. 규칙을 일부러 어겨라
8. '만약에' 효과
9. 모호함을 즐겨라
10. 분명하게 보라
11. 망각을 이용하라
12. 당연한 것은 한물간 것
13. 사랑을 버려라
14. 레트로가 영감이 된다
15. 제대로 돌아가지 않는 것을 찾아라
16. 자신을 속이지 마라
17. 나는 무식하다!
18. 의도하지 않은 부분까지 생각하라
19. 뻔뻔함이란 무기
20. 환상을 버려라

아이디어에 대해 거부감을 줄이면, 내가 간과해 온 답의 실마리를 그 아이디어를 통해 찾을 수 있다. 다양한 전략이 당신에게 도움이 될 것이며, 어떤 전략이 가장 맘에 드는지 결정하는 일은 재밌을 것이다.

나는 신탁을 전하는 예언가에게 조언을 구하는 것처럼 전략을 활용하는 법을 가장 선호한다. 사람들은 더 깊이 고민하고 싶은 문제가 있을 때 예언가를 찾아가는 것을 좋아한다. 현명한 바보 전략을 예언가처럼 활용하면 현명한 바보의 지혜를 재미있고 강력하게 적용할 수 있다. 지금 바로 그렇게 해보고 싶다면(안 될 이유가 없지 않은가?) 자, 이제부터 상식과 관성의 벽을 무너뜨리는 20가지 전략을 구체적으로 살펴보자.

제2부

집단 사고와
관성의 벽을 뛰어넘는
20가지 현명한 바보 전략

다수의 편에 서있다고 느낄 때마다
잠시 멈춰서 깊이 생각해 봐야 한다.

— 마크 트웨인Mark Twain, 미국 작가

1장.
대세를 거스른다

. . .

사람들은 무리 지어 다니기를 좋아한다. 왜 그럴까? 비슷한 생각을 하는 사람들에게 둘러싸여 있으면 즐겁기 때문이다. 또 안도감과 함께 행복함을 느낀다.

하지만 현명한 바보는 무리를 따르게 되면 실제 무슨 일이 일어나는지 명확하게 파악하기 어렵다는 사실을 안다. 그러므로 집단 압력에 굴복하지 않고 자신만의 생각과 관찰에 집중하는 것이 중요하다고 말한다. 실제로 이단아가 되어 대세를 거스르는 것은 좋은 전략이다. 이는 다수 의견에서 결점을 찾고 소수의 견에서 장점과 가능성을 찾는 데 시간을 들여야 한다는 의미다.

하지만 우리는 대부분 군중을 따라 행동한다. 이는 뜻밖의 상황에 놓인 평범한 사람들의 모습을 재미있게 보여준 고전 TV 프로그램인 앨런 펀트Allen Funt 의 「몰래 카메라」에서 수없이 포착되었다. 내가 좋아하는 일화 하나를 소개하겠다. 어떤 사무실 건물 안에서 한 여성이 차분하게 엘리베이터를 기다린다. 잠시 후, 엘리베이터가 도착해 문이 열린다. 여성이 안을 들여다보니 사람들이 모두 안쪽을 바라보며 뒤돌아 서있었다. 여성은 처음에는 약간 당황했지만, 본인이 모르는 뭔가를 다른 사람들은 알고 있는 게 틀림없다고 재빨리 판단한 뒤 역시 엘리베이터에 올라 뒤돌아선다! 이 상황은 다른 희생자들에게도 반복됐고 결국 모두 뒤를 보며 서게 된다. 이 장면은 인생에서 우리가 무엇을 배우고 있는지를 확실히 보여준다.

사람들과 잘 지내는 가장 좋은 방법은
그들을 따라 하는 것이다.

우리가 집단 압력에 쉽게 영향받는다는 사실을 생각해 보자. 자신의 행동을 살펴보면 매일 마주하는 상황에서 자신이 얼마나 남들을 잘 따르는지 알 수 있다.

자, 당신은 지금 대도시 교차로 모퉁이에 서있다. 여덟 혹은 열 명 정도의 다른 보행자가 당신과 함께 그곳에 서있다. 건널목

신호등에 빨간불이 켜져 있지만 지나가는 차는 한 대도 없다. 보행자 중 한 명이 신호를 무시하고 길을 건넌다. 그러자 다른 사람이 무단횡단을 하고 또 다른 사람도 뒤따라 건널목을 건넌다. 순식간에 당신을 제외한 모든 사람이 신호등을 무시하고 길을 건넜다. 그리고 당신 역시 그들을 따라 길을 건넌다. 혼자만 그곳에 계속 서있으면 자신이 어리석다고 느낄 것이기 때문이다.

사람들이 순응하지 않으면 사회 구조는 무너진다. 사회를 이루고 살면서 여러 혜택을 누리기 위해 우리는 각자가 지닌 개성의 일부를 그 대가로 지불한다. 단어를 정확하게 발음하는 것에서부터 대화할 때 예의상 상대와 일정 거리를 유지하는 것까지 우리가 하는 의례적 행동 중에는 주위 사람을 따라 하는 것이 수없이 많다. 이를 따르지 않는다면 주변에서 일어나는 일상의 흐름에 지장을 줄 수 있다.

나는 방위산업체 공장에서 기계 운전자로 일하면서 기준을 따르는 것이 얼마나 중요한지 뼈저리게 배웠다. 나는 엄지손가락만 한 군사용 강철에 핀 머리 크기로 구멍을 내는 고속 드릴프레스 기계를 담당했다. 그 강철에 구멍을 뚫고 난 뒤 여러 차례 연마 과정을 거치고 나면 최종적으로 폭탄 기폭 장치의 부품이 되었다. 매번 정확한 위치에 구멍을 뚫어야 했다. 구멍의 위치가 조금이라도 벗어나면 심각한 결과를 초래한다. 비싼 폐기물 덩 어리를 만들거나 더 심각하게는 조기 폭발 위험성이 있는 불량 기폭 장치를 만들게 된다. 나의 상사는 방심하지 않고 늘 내 업무를 살폈다. 나 역시 마찬가지였다!

순응에는 또 다른 장점이 있다. 뭘 어떻게 해야 하는지 잘 모르는 상황에서 우리는 어떻게 행동할까? 그렇다! 주위 사람들을 보면서 제대로 행동하는 법을 배운다. 헬스장에 처음 가서 사용법을 잘 모르는 기구를 봤다고 생각해 보자. 우리는 어떻게 행동할까? 아마 옆 사람이 어떻게 하는지 살펴보고 그대로 따라 해볼 것이다.

순응과 관련해서 내가 제일 좋아하는 이야기는 4세기 기독교 철학자인 성 아우구스티누스에 관한 이야기다. 밀라노의 젊은 성직자인 아우구스티누스는 로마에서 몇 달을 보낼 계획이었다. 문제는 로마에서는 안식일을 일요일로 지키는 것이 관례였지만, 밀라노에서는 토요일이었다. 아우구스티누스는 어느 날을 안식일로 지켜야 하는지 혼란스러워서 주교인 암브로시우스를 찾아가 도움을 청했다. 암브로시우스는 이렇게 조언함으로써 그 문제를 해결했다.

로마에 가면 로마법에 따르라.

현명한 바보는 이를 알맞게 적용한다면 잘못된 충고가 아니라고 말한다. 하지만 지나친 순응, 특히 순응하지 않는 태도를 지닌 사람에게 억지로 강요할 때는 단점이 될 수도 있다. 잭 피니Jack Finney의 공상 과학 소설을 원작으로 하는 돈 시겔Don Siegel 감독의 1956년 영화 「외계의 침입자」에서 이를 섬뜩하게 묘사하고 있다. 이 영화는 모든 사람에게 같은 식으로 생각하라고 강요할 때 발생하는 위험을 경고하는 이야기로 잘 알려져 있다.

줄거리는 이렇다. 외계에서 날아온 씨앗이 캘리포니아에 있는 작은 마을 산타 미라의 한 농장에 떨어진다. 그 씨앗은 식물처럼 보이는 고치 형태로 성장하고 그 안에는 이웃에 사는 실제 사람의 기억과 외모를 취하는 인간과 비슷한 존재가 자란다. 사람들이 잠들면 '고치 인간'이 그들의 몸을 장악한다. 고치 인간들은 새로운 고치를 키워 또다시 그들의 이웃으로 변화시키며 이 과정을 반복한다. 이런 방식으로 고치 인간의 수는 빠르게 증가한다. 한 개인의 몸을 장악한 고치 인간은 자신이 복제한 인간과 외모는 똑같았지만 한 가지 눈에 띄는 차이점이 있었다. 바로 각자 가지고 있던 개성이 사라져 무미건조해 보인다는 것이다.

영화의 주인공은 마을 의사인 마일즈 베넬이다. 최근 마일즈의 병원을 찾은 많은 환자가 한결같이 가족, 연인 등 자신이 사랑하는 사람들이 감정이 없고 내가 사랑하는 그 사람과 비슷한 누군가로 대체된 것 같다는 불만을 토로했다. 그러던 중 마일즈는 옛 연인인 베키 드리스콜과 우연히 만나 산타 미라 사람들이 겉보기에는 그대로지만 분명 큰 변화가 있다는 이야기를 나눈다. 영화가 진행되면서 마일즈와 베키는 무슨 일이 벌어지고 있는지 결국 알아낸다. 하지만 그들에게 큰 위험이 도사리고 있다. 두 사람을 제외한 나머지 마을 사람 대부분이 이미 고치 인간으로 변해버린 것이다. 안타깝게도 외계 생명체가 된 대다수의 사람은 마일즈와 베키를 가만 내버려 두지 않는다.

고치 인간 공동체의 지도자인 정신과 의사 댄 카프먼은 마일즈의 병원에 찾아간다. 마일즈와 베키가 잠들면 그들의 몸도 장악해서 고치 인간 대열에 합류하게 만들려는 목적으로 그들에게 잠시 잠을 자라고 권한다. 카프먼은 마일즈에게 감정을 느끼지 못하는 사람들이 사는 사회, 다시 말해 '걱정 없는 세상'에서 살면 좋은 점들을 설명한다. 그러면서 모든 사람이 자신들과 같다면 갈등과 불화, 증오가 사라질 것이라고 말한다. 사랑도 욕망도 야망도 믿음도 없이 모든 사람이 똑같아진다면 멋진 세상이 된다고 말이다. 교묘한 방식으로 마일즈를 순응시키려 했지만, 마일즈가 그렇게 살고 싶지 않다고 대답하자, 카프먼은 마일즈에게 이렇게 말한다.

너한테 선택권은 없어.

마일즈와 베키가 병원에서 탈출해 위험을 무릅쓰고 마을의 중심가로 나가며 영화는 절정에 이른다. 거기에서 둘은 고치 인간인 척하면서 새로운 종족 사이를 걸어가야 했다. 고치 인간처럼 보이려면 감정과 표정을 보여서는 안 된다. 마일즈는 베키에게 "어떤 관심이나 흥분도 절대 드러내면 안 돼."라고 경고한다. 다시 말해 그 누구도 내가 진짜 무슨 생각을 하는지 어떤 기분인지 알아서는 안 된다.

그런데 그때! 강아지 한 마리가 빠르게 달려오는 트럭 앞으로 뛰어든다. 베키는 공포에 질려 소리를 지르며 지극히 인간적인 반응을 보인다. 그렇게 베키는 자신과 마일즈를 적들에게 노출한다. 베키와 마일즈가 사람이라는 사실을 알아차린 고치 인간들은 사나운 무리로 변해 이들을 죽이기 위해 작정하고 덤빈다. 산타 미라라는 멋진 신세계*에 부적합한 의견이 너무 많다! 집행관들이 그들을 침묵시킬 것이다.

좋은 결정은 물론이고 새로운 발상이나 참신한 해결책은 순

---

* 올더스 헉슬리가 1932년 발표한 소설로 과학이 모든 것을 지배하는 반유토피아 세계를 역설적 표현으로 풍자한 제목.

응하는 환경에서 탄생하지 않는다. 사람들이 모이는 곳에는 '집단 사고'의 위험이 도사린다. 이는 집단 구성원들이 당면한 문제에 대한 혁신적 해결책을 찾으려고 노력하기보다는 집단 내 다른 구성원들의 승인을 얻는 것에 더 관심을 가져서 나타나는 현상이다.

선견지명이 있었던 알프레드 슬론Alfred Sloan 전 제너럴모터스 회장에 관한 유쾌한 집단 사고 이야기가 있다. 슬론 회장이 이끄는 이사회 회의에서 한 안건이 상정되었고, 이사회 전원이 이 안건에 만족을 표했다. "수익성이 매우 높을 것이다." "경쟁사를 박살을 낼 수 있을 것이다." "가능한 한 빨리 실행하자." 같은 의견이 쏟아졌다.

슬론 회장이 "투표합시다."라고 말했다. 표결이 시작되고 각 임원은 안건에 모두 '찬성'표를 던졌다. 슬론 회장의 차례가 되자 그가 말했다.

"저까지 찬성에 표를 던지면 만장일치가 되겠군요. 그런 이유로 저는 다음 달까지 이 안건 상정을 미루겠습니다. 우리가 모두 같은 생각을 하고 있다는 사실이 마음에 들지 않는군요. 지금은 우리 모두 이 안건의 한쪽 면만 보고 있는데 이는 결정을 내리는 데 좋은 방법이 아닙니다. 따라서 앞으로 한 달 동안 여러분 모두 이 안건을 여러 관점에서 검토했으면 합니다."

슬론은 다음 사실을 매우 잘 알고 있었다.

모두가 비슷하게 생각한다는 것은
아무도 제대로 생각하고 있지 않다는 의미이다.

한 달 뒤 이사회 회의에서 같은 안건이 다시 올라왔고 이번에는 부결되었다. 집단 사고가 미치는 영향을 돌파할 기회가 주어지자 이사회 구성원들은 대안을 내놓았다.

우리는 음악, 예술, 엔터테인먼트, 패션, 교육, 정치, 투자 등 모든 분야에서 집단 사고와 자매품인 '군중 심리'를 발견할 수 있다. 언젠가 사촌의 농장을 방문한 적이 있었다. 사촌은 돼지를 사육하기 위해 새롭게 지은 독방 형태의 돼지우리를 보여주었다. 아주 멋졌다! 나는 이 새로운 투자에 만족하는지 사촌에게 물었고, 그는 "건물 검사관이 가는 곳마다 독방형 돼지우리가 설치되어 있다고 말하는 것만 빼면 만족스러워. 18개월쯤 뒤에 공급 과잉이 발생해서 돼지 가격이 내려갈지도 몰라."라고 대답했다. 사촌의 말이 맞았다. 1년 반 뒤에 사촌이 파는 돼지고기 가격은 급격히 내려갔다.

집단 사고의 가장 유명한 예는 1634년에서 1636년에 네덜란드에서 발생한 '튤립 파동'일 것이다. 그 당시 평소에는 멀쩡하게 사고하던 네덜란드 인구의 상당수가 튤립을 소유하고 투자하려는 열풍에 사로잡혔다. 튤립 열풍이 불면서 각계각층의 사람들이 튤립 알뿌리 선물 거래에 투자할 자본을 조달하기 위해 자신의 소유물을 팔아댔고, 특히 희귀종의 가격은 말도 안 되게 치솟았다. 얼마 지나지 않아 튤립 가격이 오른 것보다 훨씬 더 빠른 속도로 폭락했기 때문에 많은 사람이 파산했고, 빨리 부자가 되기 위해 이 광적인 도박에 참여했던 사람들은 좋지 않은 결말을 맞았다.

같은 맥락에서 미국 경제자문위원회의 초대 의장이자 오랜 기간 농업경제학을 공부한 에드윈 노스Edwin Nourse는 다음과 같이 경고했다.

모든 예측 전문가가 동의했다면 반드시 경계를 해야 할 때다.

스코틀랜드의 언론인이자 대중심리학자인 찰스 맥케이Charles Mackay는 거품, 광기, 폭도, 히스테리, 십자군 등 다양한 유형의 집단 사고에 관해 연구했다. 맥케이는 1841년 발표한 저서 『대중의 미망과 광기』에서 이같이 말했다. "사람들은 집단으로 한꺼번에 미쳐가지만, 정신이 돌아올 때는 천천히 한 사람씩 제정신으로 돌아온다."

'20세기의 가장 위대한 주식투자자'로 불리는 존 템플턴John Templeton은 대규모 집단행동에 대해 깊이 있고 직관적인 감각이 있었다. 그리고 다행스럽게도 그는 비주류적인 성향을 지녔다. 템플턴은 자신의 투자 철학에 대해 이렇게 말한다. "강세장은 비관주의에서 태어나 회의주의에서 성장하며, 낙관주의에서 성숙하고 행복감 속에서 죽는다. 비관론이 극에 달했을 때가 매수하기 제일 좋은 시기이며, 낙관론이 극에 달했을 때는 매도하기 제일 좋은 시기이다. 다른 사람들보다 좋은 성과를 내고 싶다면 대중과 다르게 행동해야 한다."

현명한 바보는 군중 심리에 대항하기 위해 무엇을 권장할까? 2부 시작 부분에서 나는 다수의 의견에 동의하는 자신을 발견한다면 대안을 고려해 보라는 마크 트웨인의 조언을 인용했다. 현명한 바보는 한 걸음 더 나아가 "대세를 거슬러라."라고 말하며 다음과 같은 이단아 정책을 받아들인다.

모두가 오른쪽으로 갈 때, 왼쪽으로 향할 수 있어야 한다.

'왼쪽' 길로 향한 사람들의 예를 한번 살펴보자. 비틀스의 마지막 스튜디오 앨범을 녹음한 며칠 후인 1969년 8월, 이 프로젝트는 여전히 이름이 없었다. 비틀스 멤버들과 가까운 관계자 몇 명이 앨범 제목을 짓기 위해 모였다. 몇 가지 이름이 거론되다가 거창한 방향으로 흘러갔다. 비틀스는 자신들이 1960년대 음악계에 지대한 공헌을 미쳤다는 의미로 새 앨범을 장난처럼 '에베레스트'라고 불렀다. 앨범 이름을 이렇게 지으면 당시 다른 록스타들이 했던 것처럼 일주일에 걸쳐 멀리 히말라야에 있는 에베레스트산까지 가서 비싼 돈을 들여 앨범 표지 사진을 찍어야 했다. 하지만 그 시점 비틀스는 해체 직전이었고 그렇게 여행하기에는 멤버들이 지친 상태였다.

록 역사가 켄 맥냅Ken McNab은 비틀스의 드럼 연주자 링고 스타가 다음과 같이 제안함으로써 음반 앨범 이름에 대한 모든 사람의 인식을 뒤집었다고 말한다. "그냥 우리 넷이 EMI 녹음실 앞으로 나가서 줄무늬가 있는 건널목을 거닐면서 사진 찍고 앨범 이름을 '애비로드Abbey Road'라고 짓는 건 어때?" 안 될 이유가 없었다! 이 간단한 해결책 덕분에 촬영 준비를 하고 앨범 표지 촬영을 마치기까지 두 시간밖에 걸리지 않았다. 이 앨범에 실린 비틀스의 사진은 가장 유명한 상징적인 사진이 되었다. 『애비로드』는 지금까지 비틀스 앨범 중에서 가장 많이 판매된 앨범으로 꼽힌다.

현명한 바보는 날카롭게 생각하고 쓸모없는 가정을 버리기 위해 당신과 견해와 신념이 비슷한 사람들에게 반대하는 법을 권장한다. 사실 반대 의견이 더 합리적이라는 사실을 알게 될 수도 있다.

당신 의견에 반대할 수 있는 사람이 없다면 통념에 반하는 태도를 취하는 것은 어떨까? 예를 들어 현명한 바보는 잘 알려진 아래 두 가지 속담의 타당성에 이의를 제기한다.

바구니 하나에 모든 달걀을 담지 마라. 현명한 바보는 이렇게 말할 것이다. "동기를 부여하고 핑계를 없애기 위해 온 힘을 다해야 할 때가 있다. 1519년 스페인 정복자 에르난 코르테스Hernán Cortés가 아스테카 제국을 정복하기 위해 멕시코 베라크루스에 상륙했을 때 부하와 장비를 내려놓고 가장 먼저 배를 침몰시켰다는 속설이 있다. 코르테스는 부하들에게 '싸우든지 죽든지 하나를 택하라'라고 말했다. 배를 침몰시킴으로써 전투를 포기하고 스페인으로 돌아가는 세 번째 대안을 제거했다."

사슬의 가장 약한 연결고리가 그 사슬의 강도를 결정한다. 현명한 바보는 이렇게 말할 것이다. "약한 고리가 좋다! 많은 시스템이 약한 고리를 가지도록 설계된다. 우리는 이것을 퓨즈라고 부른다. 시스템에 과부하가 걸리면 퓨즈가 끊어져 시스템의 나머지 부분이 고장 나는 것을 방지한다. 10만 달러와 10센트짜리 중

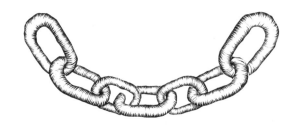

어떤 부품이 손상되는 것이 더 나을까?"

습관적으로 사물을 분별하는 버릇을 버리면 사물의 재미있는 면을 발견하게 된다. 재미있는 예로 수많은 민담과 문학 이야기의 소재가 된 14세기 독일 농민 사기꾼 틸 오일렌슈피겔Till Eulenspiegel을 들 수 있다.

어느 날 한 사람이 산에서 틸이 등산을 하다가 내리막길을 걸으며 울고 오르막길에서는 즐겁게 웃는 모습을 목격했다. 그가 이상한 행동을 한 이유를 묻자 틸은 "내리막길을 걷는 동안에는 앞으로 힘들게 오르막을 걸어갈 생각을 하니 슬펐고 오르막길을 걷는 동안에는 쉽게 내려갈 수 있는 내리막길이 있다는 생각에 즐거웠다."라고 답했다.

현명한 바보는 사람들이 무리와 반대로 생각하도록 마음을 훈련할 수 있다면 틀리기보다 맞을 가능성이 크다고 생각한다. 이 책은 왼쪽으로 가는 다시 말해, 대안적 관점을 발견하려는 현명한 바보의 노력에 관해 이야기한다. 현명한 바보는 시대에 뒤떨어진 생각을 내려놓고 관점을 뒤집고, 무작위 정보에 대해 곰곰이 생각하고, 제한적인 가정을 잊고, 이상한 의견에 편승하고, 모호성을 찾고, 의도하지 않은 결과를 상상하며, 신성시 여겨지는 관습을 쫓기 위해 위험 대응 근육을 휘두르고 현재 상황을 웃어넘긴다.

요약

현명한 바보는 자신이 주변 사람들의 의견에 동의하는 상황에서 뒤로 한 걸음 물러서서 "내가 여기서 보지 못하는 것은 무엇일까? 이 접근 방식의 단점은 무엇일까? 어떤 대안을 더 신뢰해야 할까?"라고 자문한다.

무리에 맞서기 위해 한 가지 더 생각해 볼 것이 있다. 영국의 인습 타파주의자인 크리스토퍼 히친스Christopher Hitchens는 매력적이며 호전적인 책 『젊은 회의주의자에게 보내는 편지』에서 독립성을 유지하는 방법으로 "아무리 고상한 목적을 가진 당이나 파벌이라도 당신의 사고에 영향을 미치도록 허용하지 말라. 자신 있게 우리에 대해 이야기하거나 우리의 이름으로 말하는 모든 화자는 믿지 않는 편이 좋다. 당신 내면의 목소리가 이런 말을 한다면 자신을 믿지 말라. 좋은 조언이라고 생각하는가? 당신이 판단하라!"라고 강력하게 충고했다.

2장.
위기 대응 근육을 키워라

· · ·

창조주가 우리 몸에 목을 만든 목적이 있다면

분명 목덜미를 순순히 내놓지 말고 위험을 무릅쓰라는

의도였을 것이다.

— 아서 쾨슬러Arthur Koestler, 헝가리계 영국 작가

무리에 맞서기 위해서는 용기가 필요하다. 다른 사람들의 의
견에 지나치게 신경을 쓴다면 당신은 독특한 관점을 제시한다거
나 추가 토론을 부추기는 엉뚱한 발언을 하는 데 어려움을 겪을
것이다. 현명한 바보는 모든 사람이 '위기 대응 근육'을 가지고
있다고 생각한다. 이 맷집을 잘 유지하려면 솔직하게 진실을 말

해야 한다. 현명한 바보는 위기 대응 근육을 사용해서 집단 사고 상황에서 '순응 파괴자'라는 중요한 임무를 수행한다. 그들이 제시한 상반된 생각이 더 창의적인 해결책으로 탈바꿈할 수 있다. 조금 더 자세히 살펴보자.

심리학자 솔로몬 애쉬Solomon Asch는 1950년대에 순응에 관한 연구를 수행했다. 순응 분야의 고전 연구로 유명한 이 연구에서 애쉬의 목표는 실험 대상자가 집단에 순응하기 위해 자신의 판단을 얼마나 쉽게 바꾸는지 알아보는 것이었다.

피험자는 시력 검사에 참여한다는 안내를 받았다. 그리고 나서 두 개의 다른 카드에 그려진 직선 가운데 똑같이 생긴 선을 맞춰보라는 요청을 받았다. 첫 번째 카드에는 하나의 수직선이 그려져 있었고, 두 번째 카드에는 세 개의 수직선이 있었다. 두 번째 카드에 그려진 세 수직선 가운데 하나는 첫 번째 카드에 있는 직선과 길이가 같았고, 나머지 두 선은 눈에 띄게 길거나 짧았다.

이 실험에서 재밌는 부분은 이제부터다. 실험 대상자는 다섯 명의 다른 참가자들과 함께 책상에 앉았다. 그 참가자들은 모두 애쉬의 공모자들로 실험마다 똑같은 오답을 말하라는 안내를 받았다. 다섯 명의 공모자는 순서대로 한 명씩 잘못된 답을 말했다. 마침내 피험자가 대답할 차례가 왔다. 집단의 오답에 동조했을까, 아니면 독자적으로 정답을 제시했을까? 결과는 놀라웠다. 약 70퍼센트의 피험자가 적어도 한 번 이상은 집단 오답과 같은 판단을 내렸으며, 전체 실험에서는 40퍼센트 정도의 피험자가 집단 사고에 순응해 오답을 선택했다.

적어도 현명한 바보의 관점에서는 애쉬가 실험을 약간 변형해 피험자가 대답을 말하기 전에 공모자 중 한 명에게 정답을 말하라고 지시했다는 부분이 이단아처럼 행동하는 것으로 보였을 것이다. 이 경우 피실험자가 오답에 동조하는 비율이 5퍼센트 미만으로 떨어졌다. 지배적인 집단 사고방식이 깨졌기 때문에 피험자는 편하게 솔직한 의견을 낼 수 있었고 자신이 옳다고 생각하는 답을 제시할 수 있었다.

거의 만장일치인 경우라도 반대 의견이 하나라도 있다면 다양한 의견이 나오기 시작하면서 집단 사고를 억제할 수 있다. 이것이 현명한 바보가 수행하는 가장 가치 있는 역할이다! 만약 모든 사람이 당신의 생각과는 다른 어떤 한 가지 의견에 동조하고 있으며 당신은 잠자코 입 다물고 있고 싶었던 모임에 가봤다면, 일어나는 일에 반대 의견을 내는 사람에게 고마움을 느꼈을 것이라고 확신한다. 그 사람은 당신이 진짜 생각을 말할 수 있는 근간을 제공했다. 현명한 바보는 다른 사람에게도 이런 서비스를 제공하라고 권한다. 평소에 위기 대응 근육을 잘 단련해 두었다면 거리낌 없이 당신의 속마음을 이야기할 수 있다. 현명한 바보는 이것이 성공을 위한 핵심 요소라고 생각한다. 미국 코미디언 조안 리버스 Joan Rivers가 다음과 같이 말한 것처럼 말이다.

**나는 다른 모든 사람이 생각하는 것을 말로 표함으로써
성공할 수 있었다.**

이런 통찰력은 어디에서나 현명한 바보가 좌우명으로 삼을 수 있다. 결국 현명한 바보의 역할은 솔직해지는 것이다. 실제로 그들은 모든 사람의 마음에 있는 생각에 대해 자신의 의견을 말할 수 있을 만큼 상당히 용감하다.

현명한 바보는 때때로 '방 안의 코끼리'를 지적하는 일을 떠맡기도 한다. 당신도 이 짐승을 잘 알고 있을 것이다. 불편해서 사람들이 말하기 꺼리는 명백한 골칫거리나 논쟁거리가 되는 문제이다. 예를 들어 많은 가정에서 구성원의 알코올 의존증, 마약이나 도박 중독이라는 코끼리에 대해 이야기하는 것을 불쾌하게 여겨서 문제 상황을 해결하는 데 어려움을 겪는다. 이 주제에 대한 논의가 고통스럽겠지만, 보통은 가족이 직면하고 있는 문제의 근본 원인이 코끼리이므로 이를 제대로 다루지 않으면 해결에 진척이 없다. 이런 상황에서 현명한 바보의 솔직함은 매우 중

요하다.

모든 조직에도 코끼리 역할을 담당하는 사람이나 부서가 있다. 회의나 문제 해결을 위한 모임에서 참석자들이 동료가 숨기고 있는 의제, 상사의 숨 막히는 이기주의, 동료의 미흡한 후속 조치를 논의하는 데 불편함을 느낀다면 비생산적인 회의가 된다. 다시 말하지만, 이런 문제들이 걸림돌이라는 사실을 분명하게 말할 수 있도록 현명한 바보를 참석시킨다면 더 성공적인 회의가 될 것이다. 때때로 사람들이 의견을 내지 않는 이유는 의견을 냈을 때 일이나 정치적 측면에서 불이익을 당할 수 있기 때문이다. 안데르센의 고전 동화『벌거벗은 임금님』이 이를 보어주는 좋은 예이다. 허영심 많고 옷을 좋아하는 임금님이 두 명의 재봉사를 고용해서 아름다운 옷을 만들게 한다. 사실 사기꾼인 재봉사들은 옷을 만드는 천이 무능하거나 어리석은 사람에게는 보이지 않는 특이한 속성을 지니고 있다고 사람들을 속인다. 왕은 이 특이한 옷감으로 지은 옷을 사용해 왕국에 적합하지 않은 인물들을 솎아낼 수 있다고 생각하며 흡족해했다.

왕은 대신들을 재봉사에게 보내서 옷 제작 진행 상황을 점검한다. 대신들은 자신이 무능력해 보일까 봐 옷감을 실제로 보지 못했음에도 왕에게 그 옷이 굉장하다고 거짓으로 보고한다. 재봉사들은 마침내 옷을 완성했다고 알리며 화려한 새 옷을 왕에게 입히는 시늉을 한다. 그리고 왕은 신하들 앞에서 거닐었다. 왕은 축하 연회에서 새 옷을 입고 활짝 웃었다. 옷을 만드는 동안 왕국 사람들 모두 그 옷감의 독특한 특성에 관한 소문을 들었다. 모두 어리석거나 무능해 보이고 싶지 않아서 "정말 아름다운 옷이네요. 우와!" 하고 외치며 감탄을 표시했다. 중년 남자가 벌거벗고 길을 걷고 있다고 자신이 실제로 본 것을 말할 만큼 용기 있는 사람은 아무도 없었다. 그때 너무 어려서 가식을 이해하지 못하는 한 어린아이가 이렇게 말했다.

임금님이 벌거벗었어요!

풍선을 '빵' 터뜨리는 핀처럼 어린아이의 솔직한 말 덕분에 마을 사람들은 가식을 떨쳐버리고 자신들이 실제로 본 것을 공개적으로 말할 용기가 부족했다는 사실을 인정한다. 또한 본인들의 생각이 옳았지만, 생존 본능 때문에 솔직하게 말하지 못했다는 사실을 빠르게 이해한다. 그 마을 사람들이 겪었을 인지 부조화를 한번 생각해 보라!

현명한 바보는 지나치게 신성시되어 비판이 허용되지 않는 관습을 다룰 때가 위기 대응 근육을 사용할 수 있는 중요한 시기라고 말한다. 이런 관습은 질문을 하지 못하게 만드는 주장과 믿음으로, 특히 상당한 권위자로부터 비롯되었을 때 사람들의 정신을 더 혼탁하게 만든다.

2400년 전에 위대한 철학자 플라톤은 원이 천체의 움직임을 보여주는 완벽한 모양이라는 발상을 제시했다. 그 후 2000년 동안 천문학자들은 자신의 관측이 플라톤의 주장과 일치하지 않음에도 행성 궤도가 원형이라고 믿었다. 심지어 코페르니쿠스도 지구가 태양 주위를 돌고 있다는 지동설을 주장할 때 플라톤의 원형 궤도를 참고했다. 17세기 독일 수학자 요하네스 케플러 Johannes Kepler는 수많은 분석 끝에 천문학 분야에서 오랜 기간 당연하게 여겨졌던 원형 궤도에 의문을 제기하는 용기를 냈고, 사람들은 각 행성이 실제로는 타원 궤도라는 사실을 받아들였다. 현명한 바보는 "케플러는 위기 대응 근육을 사용함으로써 권위자의 연구 범위에서 벗어나 행성의 움직임을 성공적으로 설명하는 해법을 만들 수 있었다!"라고 말할 것이다.

어떤 문제와 관련해 당신이 조사한 내용이 널리 퍼져있는 신조와 다르다고 생각해 자체 검열을 해본 적이 있는가? 물론 모두 그런 경험이 있을 것이다! 왜냐하면 인간 활동 모든 영역에는 진리라고 여겨지는 것이 존재하기 때문이다. 이런 절대적인 제도나 관습은 때론 자리 잡은 과학 이론이라고 불리며, 가끔은 당론이나 지배적인 패러다임이라는 이름으로 불린다.

당신의 현명한 바보가 현역에 있다면 직면한 절대적 제도나 관습에 도전하고 이를 무시함으로써 찾아낼 수 있는 것들을 탐색할 임무가 있다. 의문을 품지 않는다면 다양한 해결책이 잊힌 채 드러나지 않게 될 것이다. 이 전략을 각각 종교와 군대에서 효과적으로 활용한 두 가지 예시를 살펴보자.

16세기 독일의 성직자 마르틴 루터는 죄인들에게 면죄부를 파는 로마 가톨릭교회의 돈벌이에 질겁했다. 루터는 그리스어, 라틴어, 히브리어 등 자신이 지닌 광범위한 지식을 사용하여 성서 자료들을 조사하고 교회의 기본 교리에 의문을 제기했다. 루터는 면죄부를 파는 데 신학적 정당성이 없음을 발견했다. 교회의 위계질서나 속임수가 아니라 하나님의 은혜만이 사람들을 구원할 수 있다고 결론 내렸다.

루터는 1517년 비텐베르크 교회 정문에 면죄부에 대한 '95개조 반박문'을 붙여 자신의 견해를 밝혔다. 이후 이단으로 몰려 재판을 받았고, 교황 레오 10세는 루터를 파문했다. 루터가 면죄부를 준다는 절대적 관습에 도전한 사건은 개신교 종교 개혁과 가톨릭 내 반종교 개혁이라는 엄청난 결과를 낳았다.

전함은 1890년부터 제2차 세계 대전까지 전력을 과시하는 최고의 방법으로 해군의 전략적 사고에서 중심 역할을 했다. 1.6킬로미터 정도 떨어진 거리에서도 적의 군대를 파괴할 수 있는 두

꺼운 철갑과 커다란 대포 덕분에 전함은 해군에서 소중하게 다뤄졌다. 1920년대 초, 제1차 세계 대전 당시 경험이 풍부한 전투기 조종사 사령관이었던 미국의 빌리 미첼Billy Mitchell 장군은 전함을 공룡이라고 부르며, 곧 공군력이 해전에서 가장 중요한 역할을 할 것이라고 말했다. 미첼은 비행기가 어떻게 전함을 침몰시키는지 실황 시범을 보여주기도 했다. 또한 해군 전투에 더 많은 공군을 투입하기 위해 새로운 함선인 항공모함 개발을 주장했다.

그러나 당시 육군과 해군은 예산을 삭감해야 하는 상황이었기 때문에 미첼의 의견은 현상 유지에 급급한 군 간부들과 맞지 않았다. 이것은 업튼 싱클레어Upton Sinclair가 말한 뻔한 소리 "어떤 일이 진행되지 않아야만 생계를 꾸려나갈 수 있는 사람에게 그 어떤 일을 이해시키기란 어렵다."의 극명한 예이다. 독립된 공군력에 대한 미첼의 의견이 무시당한 후, 미첼이 "총참모부는 돼지가 스케이트 타는 법을 아는 딱 그 정도 수준으로 공군에 대해 알고 있다."라는 발언이 전국 신문에 실렸다. 대중의 지지를 받았음에도 불구하고 미첼은 군법회의 끝에 군대에서 쫓겨났다. 하지만 군사적 정통성에 대한 미첼의 도전은 결국 결실을 본다. 1920년대 후반에 미첼의 부하 장교들이 간부로 올라가면서 미국 육군성은 공군력을 현대화하기 시작했다.

미첼이 경고한 지 한참 뒤에 일본군이 진주만을 공습했다. 항공모함 덕분에 가능했던 진주만 공습은 미첼이 20년 전 예견했던 해상 및 공중 공격의 결합이 가져올 수 있는 피해를 여실히 보여주었다. 그로부터 6개월 후인 1942년에 있었던 미드웨이 전투에서 양측의 해군 함대는 공군 공격으로 인해 서로 282킬로미터 이상 접근하지 못했다. 공군력을 증진한 공로를 인정받아 미첼은 이미 죽은 뒤인 1946년 의회 훈장을 받았다.

물론 확립된 질서에 도전하는 행동이 행복한 결말을 가져오지 않은 경우도 많다. 극단적 예로 지나친 전체주의 정부가 세상을 집어삼키는 상황에 대해 경고하는 내용을 담은 조지 오웰의 소설 『1984』를 들 수 있다. 소설의 마지막 장면에서 주인공인 사상 범죄 용의자 윈스턴 스미스는 당국 집행관인 오브라이언에게 심문을 받는다. 여기서 말하는 윈스턴의 죄목인 사상 범죄란 소설 안 세계에서는 구입이 허용되지 않는 펜과 노트를 사서 "자유란 2 더하기 2는 4라고 말할 수 있는 것이다."라는 자기 생각을 일기장에 적는 것이었다.

오브라이언은 윈스턴에게 개인이 생각하는 진실과 인식은 망상이며, 그가 진짜라고 생각하는 것이 무엇이든 간에 당이 말하는 진실에 굴복해야 한다고 설명한다. 처음에 윈스턴은 당국이 자기의 정신을 통치할 수 없다고 생각했기 때문에 두려워하지 않는다. 이후 윈스턴은 전기 고문 기계에 묶였다.

오브라이언은 네 손가락을 들고 윈스턴에게 손을 내밀며 "내가 들고 있는 손가락이 몇 개지?"라고 묻는다. 윈스턴은 "네 개."라고 대답한다. 오브라이언이 다시 한번 묻는다. "당국에서 넷이 아니라 다섯이라고 하면 몇 개인가?" 윈스턴은 또다시 "넷."이라고 대답한다.

"다섯 개야." 오브라이언이 말하며 전기 충격을 가한다. 고문이 계속되고 마침내 윈스턴은 "다섯이야. 뭐든 당신 말이 맞아. 그냥 이 고통을 제발 멈춰줘."라고 하며 결국 당이 말하는 진실과 현실 서사에 굴복하고 만다.

마지막으로 내가 열한 살 때 어떻게 나만의 위기 대응 근육을 단련했는지 개인적 이야기를 덧붙이고 싶다. 6학년 때 내 담임이었던 로더퍼 선생님은 창의적인 사람이 되는 것과 불쾌한 사람이 되는 것은 때때로 매우 비슷하지만, 같지는 않다고 가르쳐 주셨다. 선생님은 내가 다양한 시도를 할 수 있게 허락함으로써 그 둘을 구별하는 법을 알려주었다. 나는 불쾌한 행동을 하면 학교 운동장 한 바퀴를 돌고 새로운 방안을 내놓으면 보상을 받기로 선생님과 합의했다. 이 경험은 내가 모험에 도전할 수 있게 해주었다.

결과는 어땠냐고? 글쎄, 나는 그해 운동장을 몇 바퀴나 좀 더 정확히는 129바퀴나 뛰어야 했다. 하지만 창의적인 일도 많이 했다. 가장 좋은 건 위험을 무릅쓰고 모험하는 법을 배웠다는 점이다. 그 이후로도 나는 이 방식을 종종 사용한다. 맞다, 그래서 지금도 가끔 학교 운동장을 몇 바퀴씩 돌곤 한다.

그로부터 5년 뒤에는 진지한 취미가 되어버린 히치하이크를 시작했다. 잭 케루악Jack Kerouac의 비트 세대를 대표하는 소설『길 위에서』를 재미있게 읽기도 했고, 한 번도 가보지 못한 곳에 가보고 싶은 호기심도 있었으며, 수중에 돈이 없기도 했다. 십대 중반에서 이십 대 중반까지 주로 미국과 캐나다에서 더 나아가 유럽 전역에 이르기까지 4만 8,280킬로미터 이상을 남의 차를 얻어 타고 다니며 여행했다. 이 경험으로 많은 것을 배울 수 있었다. 나는 다양한 사람의 차를 얻어 탔다. 영국 성공회 교구장은 작가 존 벳제만과 백포도주를 마시는 자리에 나를 데려갔고, 바이에른주에서 만난 나이 지긋한 어르신은 훗날 '나치스 친위대Schutzstaffel'를 만든 하인리히 히믈러와 1910년대 후반 함께 학교에 다녔던 이야기를 들려주었다. 캐나다 브리티시컬럼비아주의 청소년 합창단 지휘자는 다양한 음역대를 지닌 집단의 음악을 작곡하는 방법을 설명해 주었고 캘리포니아에서 유타까지 불법 음란물을 판매한 네바다 출신 카우보이도 만났다. 그 당시 만났던 사람들은 낯선 사람을 차에 태우고 자신의 이야기를 나누는 것을 두려워하지 않았다.

요약

누구든 위기 대응 근육이 있다. 이 근육을 단련하려면 새로운 시도를 하고 자기 생각을 솔직하게 말해야 한다. 현명한 바보처럼 생각하는 데 있어서 중요한 부분은 집단 사고 상황을 막기 위해 다수와 다른 관점을 취하는 것이다. 마음속에 있는 생각을 표현할 수 있어야 한다. 현명한 바보가 말한 것처럼, 누군가는 그것을 말해야 하며 그 누군가는 당신일 수 있다. 어떤 방 안의 코끼리에 대해 이야기할 수 있는지 물어라. 어떤 상황에서 임금님이 벌거벗었다고 볼 수 있는가? 절대적인 관습에 도전하고 그것이 당신의 사고를 어떻게 이끄는지 살펴보라. 그렇게 하지 않았을 때는 결코 알 수 없는 새로운 해결책을 찾을 수도 있다. 어떤 신성시 여겨지는 정책, 교리, 절대적 제도, 존경받는 이론에 도전할 것인가?

극작가 오스카 와일드는 "사람은 자기 자신으로서 이야기할 때 자신에게서 가장 멀어지는 법이다. 그에게 가면을 주면 진실을 말할 것이다."라고 말했다. 여기서 가면을 현명한 바보 허가

서로 대체하면, "위기 대응 근육을 유연하게 사용하면 다른 사람이 어떻게 생각할지 신경 쓰지 않는 용기와 다른 의견에 대해 대담함을 갖게 될 것이다."라고 말할 수 있다.

3장.
유머의 힘

. . .

어떤 생각을 하자마자 웃어넘겨라.

— 노자, 중국 사상가

유머는 현명한 바보가 가장 즐겨쓰는 도구다. 협상이든 작업 공간을 디자인하는 일이든 소설의 줄거리든 다른 사람과의 관계든 무언가에 대해 웃을 수 있다면 그 주제에 대해 신선한 방식으로 생각할 가능성이 열린다.

일례로 내 고객 중 한 명이 신제품 디자인팀을 익살스러운 분위기로 이끌면서 자신들이 만든 제품을 가지고 제대로 놀아보기로 했다. 팀원들은 엉뚱하고 멍청하며 별나게 행동했다. 그 회의는 대성공이었고 새로운 의견이 많이 나왔다. 그다음 주에는 모든 팀원이 원래대로 진지한 분위기로 돌아왔는데 어떤 새로운 의견도 나오지 않았다.

**교훈: 뭔가를 발견했을 때 나오는 감탄사 '아하!'와
재밌을 때 '하하' 웃는 소리 사이에는 밀접한 관계가 있다.**

실제로 가정에 도전하기, 설정 깨기, 발상을 특이한 상황에 적용하기, 모호함 찾기, 다른 개념을 결합하기, 엉뚱한 질문하기, 규칙을 무시하기 등 유머의 바탕이 되는 정신적 과정은 그 자체로 효과적인 창의적 사고 기법이다.

왜 그럴까? 우선 유머는 상대방을 편안하게 해준다. 방금 농담을 한 사람과 이야기하는 것이 더 편안할까, 극도로 심각한 사람과 이야기 나누는 게 더 편안하게 느껴질까? 자신이 말하려는 주제를 지루하게 이야기하는 연사의 말을 경청할까, 아니면 당신 사업과 관련한 농담을 던져 마음을 가볍게 해준 연사의 말을 경청할까?

재미있는 마음가짐은 긴장을 풀어줄 뿐만 아니라 창의력도 높일 수 있다. 창의적 사고를 자극하는 유머의 역할을 탐구하는 한 심리 검사에서 이 점이 잘 드러났다. 심리 검사 구성은 다음과

같다. 일반적으로 참가자는 두 집단으로 나뉜다. 한 집단은 검사 직전 30분 동안 조용한 방에서 어떤 활동도 하지 않은 채 앉아있었다. 다른 집단은 같은 시간 다른 방에서 코미디언들이 다음과 같은 농담을 하는 녹음을 들었다.

질문: 바다는 얼마나 깊을까?
대답: 그냥 돌을 던져봐.

질문: 익룡Pterodactyl이 화장실 가는 소리는 왜 안 들릴까?
대답: 'P'가 묵음이라서 그래.*

질문: 닭은 왜 그 심령 집회에 갔을까?
대답: 반대편으로 가려고.**

그런 다음 두 그룹 모두 창의력 검사를 받는다. 재미있는 이야기를 들었던 사람들이 더 많은 아이디어를 낼 뿐만 아니라 이

---

*   익룡(Pterodactyl)의 첫 글자 P는 묵음이며, 오줌 누다(pee)라는 단어와 발음이 같다.
**   Why did the chicken cross the road?라는 미국의 고전 수수께끼 농담을 변형한 질문으로, 반전을 기대했지만 평범한 대답을 들려주는 일종의 허무개그이다.

러한 아이디어를 연결되지 않는 분야로 확장하는 데도 훨씬 더 좋은 성과를 보여주었다. 심리학자들은 이런 유머들이 생각할 때 긴장을 풀어주고 다른 방식으로 사물을 볼 수 있는 환경을 만들어 준다고 생각한다.

둘째, 유머는 생각을 확장한다. '그냥 돌을 던진다.'라는 말은 일반적으로 15미터 정도 되는 짧은 거리를 말한다. 하지만 물속으로 돌을 던지면 돌은 바닥에 닿을 때까지 이동한다. 던지는 위치에 따라 최대 11킬로미터 정도도 될 수 있다. 허를 찌르는 대목은 '돌 던지기'에 대한 당신의 사고방식을 바꾸게 만든다. 그런 다음에 농담하게 되면 현명한 바보의 주요 목표 가운데 하나이자 창의적 사고의 주요 측면인 '설정 깨기'를 연습하는 것이다. 돌 던지기가 11킬로미터나 멀리 가는 것을 의미한다면 깨진 전구를 칼로 보고 구두 상자 안에 들어있는 자갈을 악기로 보는 것을 누가 뭐라 할 수 있을까?

셋째, 유머는 보통 서로 관련이 없어 보이는 생각들을 조합한다. '공룡 소변'과 '음성' 사이에 많은 공통점이 있다고 생각하는 사람은 거의 없을 것이다. 하지만 이런 농담을 만들기 위해 연관성이 없어 보이는 두 가지를 하나의 개념으로 모았다. 이런 병렬 배치가 가능하다면 서로 관련 없어 보이는 또 다른 생각들을 결합해 보는 건 어떨까? 지구본과 사포라든지 수영장과 양파를 결합하는 건 어떨까?

넷째, 유머는 관습을 거스를 수도 있다. 사회적으로 용인할 수 있거나 적절하다고 여겨지는 경계를 침범할 수 있다.

농담을 좋아하지 않는 사람도 분명 있겠지만, 농담이 지닌 장난기라는 특성이 이런 거슬리는 부분을 일부 완화한다. 훨씬 더 불쾌한 농담도 많으며 누구든 그 농담을 받아들이거나 거절할 자유가 있다. 하지만 이런 농담을 들으면 다른 격식이나 사교적인 예절을 무시하고 싶은 생각이 들 수도 있다. 창의적으로 행동하기 위해서 때로는 규범에 도전해야 할 때가 있다. 벽에 걸기 위해 비싼 미술책 한 장을 찢어본 적이 있는가? 누군가에게 그건 멀쩡한 책을 망가뜨리는 것이라 절대 있을 수 없는 일이다. 새로 산 게임 카드 한 통에서 몇 장의 카드를 빼서 아이의 자전거 바큇살에 넣는 건 어떨까? 그 카드는 이제 포커를 하기에는 쓸모없지만, 자전거는 확실히 더 재밌어질 것이다. 비행기 기내에서 소변을 보는 건 어떤가? 그건 금기사항이라고? 글쎄, 제2차 세계대전부터 지금까지 비행기의 작동유가 손실되어 착륙 기어를 내릴 수 없었던 상황에서 수압을 높이기 위해 유압유 저장 통에 소변을 보는 방법으로 이 문제를 해결했던 조종사들에 관한 이야기가 많이 전해진다.

다섯째, 유머는 당신이 사물을 덜 심각하게 받아들이도록 해준다. '닭이 집회에 가는' 농담에서 심령술 부분이 우스운 부분이다. 현명한 바보는 어떤 것을 놀림으로써 정당성을 부여하는 규칙에 도전하고 대안을 떠올릴 가능성이 더 크다고 생각한다.

농담을 하려면 배짱이 있어야 한다. 이런 점은 듣는 사람에게 겉으로 보기에 '저 멀리 있는' 다른 가능성을 즐기게 하려는 일종의 대담무쌍함을 보여준다. 우주를 11차원으로 설명하는 끈 이론string theory은 어떤가? 안 될 이유가 없다. 우리가 12번째 차원을 생각할 수도 있다! 백만 년 된 DNA 표본에서 추출한 단백질을 섞어서 청춘의 샘 같은 묘약을 만드는 건 어떨까? 어떤 재료를 더 추가해야 할까? 불멸을 향해 가보자!

유머는 심지어 매우 심각한 문제에도 효과적으로 적용할 수 있다. 물리학자 닐스 보어는 이렇게 말했다.

**너무 심각해서 할 수 있는 거라곤 그저
웃어넘기는 것뿐인 일들도 있다.**

특별히 다른 이유가 없다면 당신의 마음을 비우기 위해서 지금 하는 일을 그저 웃어넘겨야 할 때가 있다. 당신은 아마 '오컴의 면도날Occam's Razor'에 대해 알고 있을 것이다. 14세기 영국 논리학자 오컴 윌리엄의 이름을 딴 원리로 '같은 현상을 설명하는 두 개의 주장이 있다면 간단한 쪽이 가장 올바른 답일 가능성이 크다'라는 의미를 담고 있다. 현명한 바보들도 면도날을 가지고 있다! 현명한 바보의 말에 따르면, 웃거나 조롱할 수 없는 주제는 그 주제가 심각한 것이든 아니든 간에 너무 조심스러워서 다른 방식으로 생각할 수 없다.

현명한 바보는 유머가 당신의 문제를 해결하지 못할 수도 있다는 사실을 알지만, 해결하는 데 더 도움이 되는 분위기를 조성한다고 믿는다. 하지만 어떤 사람들은 자신의 발상에 너무 집착한 나머지 그 방법밖에 없다는 듯이 아주 소중하게 다룬다. 이미 존재하는 아이디어에 지나치게 몰두하면 창의적으로 생각하기 어렵다. 그러니 긴장을 풀고 현명한 바보의 신조를 고려해 보라.

중요한 일에 대해 진지한 것만큼
진지함이 그렇게 중요하지는 않다.

원숭이는 그 어떤 위대한 학자라도 인정할 만한
진지한 표정을 짓고 있다.

하지만 지금 원숭이는 온몸이 가려워서 심각한 상황이다.

나는 오랫동안 창의력 워크숍을 진행했던 경험을 통해 유머가 생각의 흐름을 자극하는 놀라운 효과가 있음을 알게 되었다.

워크숍 초기, 참가자들이 문제를 다룰 때 좀 더 재미있게 대처하도록 권장하면 참가자들은 대개 더 흥미롭고 도발적인 대답을 한다. 그뿐만 아니라 이후 내가 제시하는 심각한 문제에 대해서도 더 솔직하게 접근한다. 결론을 내리자면 내가 수업 초반에 유머를 사용하지 않으면 사람들은 수수방관한 채 비판적으로 반응할 가능성이 더 크다.

다음은 세미나 참가자들의 생각을 풀어주기 위한 활동 중 내가 가장 좋아하는 것이다. 나는 참가자들에게 조직과 제품에 대해 재미있고 불손한 문구를 만들어 보라고 시킨다. 자신이 가진 문제로 이 연습을 시도해 볼 수 있다. 몇 가지 재미있는 사례들을 살펴보자.

- 중국: 이렇게 많은 사람이 세상에 남아있는데 왜 인권에 관심을 가져야 하나요?
- 킴벌리-클라크*: 우리는 당신 몸에 있는 모든 구멍을 위한 제품을 가지고 있습니다.
- 애플: 제품 지원support을 바라셨다면 쟈키**를 사셨어야죠.

* 글로벌 소비재 회사.
** 가슴을 지지해 주는(support) 브라, 팬티로 유명한 글로벌 속옷 회사.

- 월트디즈니: 별에 소원을 빌면 비용을 청구하는 곳.

- 마이크로소프트: 우리는 기득권자입니다. 그리고 앞으로도 그래야만 합니다.

- 뱅크오브아메리카: 대출을 받을 때까지는 혼자가 아닌 곳.

- 스탠퍼드대학교: 우리는 등록금을 신뢰합니다.

- 인텔: 고객이 필요로 하든 필요로 하지 않든 우리는 기술의 선두주자입니다.

- 유나이티드 항공: 우리의 최우선 사항은 고객 서비스입니다. 삐 소리가 나면 불만 사항을 남겨주세요.

- 하라 카지노: 운이 좋다면 즐거운 시간을 보낼 수 있을 거예요.

- 마운틴듀: 몸에 들어갈 때와 나올 때 같은 색인 유일한 청량음료입니다.

광고계의 전설 데이비드 오길비David Ogilvy도 이 접근법에 동의할 것이다. 오길비는 "최고의 발상은 농담에서 나온다. 당신의 생각은 가능한 한 재미있어야 한다."라고 말했다. 사실, 현명한 바보가 던지는 핵심 메시지는 우리 자신을 너무 심각하게 대하지 말라는 것이다. 독일 철학자 프리드리히 니체 역시 비슷한 생각을 마음에 품고 다음과 같은 문구를 썼다.

나는 스스로를 웃어넘길 수 있는

품위가 부족한 사람을 비웃는다.

그리고 좋은 의미로 그 글을 자기 집 문에 새겨놓았다!

미국 언론인 헨리 루이스 멩켄H.L.Mencken도 비슷한 철학을 가지고 있었다.

삶은 근본적으로 희극이다.

심지어 비극조차도 보는 이에게는 희극처럼 보이며,

피해자에게 희극적인 감동을 준다.

행복은 대체로 행복을 발견하고 즐기는 능력에 달려있다.

웃을 줄 아는 사람은 혼자일지라도 절대 비참하지 않다.

우리 모두 이 말을 마음에 새겨야 한다. 몇 년 전 나는 아이오와 호크 블로그를 운영하는 철학자 데이비드 버지David Burge에게 현재 우리 사회의 유머 상태에 관해 물었다. 버지는 "대부분 세대는 이전 세대들이 검열했던 것을 비웃는다. 현세대는 이전 세대가 비웃었던 것을 검열한다."라고 말했다. 확실히 생각해 볼 만한 문제다.

요약

현명한 바보는 이렇게 말한다. "당신이 하는 일에서 약간 기발하면서도 재미있는 부분이 무엇인지 물어라. 이 상황에서 가볍게 여길 수 있는 것은 무엇일까? 뭐가 특히 재미있는가? 심각해질 필요 없다. 바보 같다고 생각하는 당신의 기준을 내려놓고, 기본적인 생각 가운데 일부를 적절하게 받아쳐라." 오스트리아의 논리학자 루트비히 비트겐슈타인은 이렇게 말했다. **"사람들이 어리석은 짓을 하지 않는다면 지적인 발전은 절대 이루어지지 않을 것이다."**

4장.
두 번째 정답이 있는가

. . .

당신이 가진 유일한 아이디어보다 더 위험한 것은 없다.

— 에밀 오귀스트 샤르티에Émile-Auguste Chartier, 프랑스 철학자

일부 사람들은 어떤 일을 해결하는 생각이나 해결책, 대답, 관점이 단 하나라면 열려있는 행동 방침도 하나뿐이라고 생각한다. 융통성이 필수 생존 기술인 요즘 같은 세상에서는 분명히 위험한 발상이다. 현명한 바보는 어떤 문제를 줘도 정답이 두 개 이상 있다고 여기며 대안을 찾는 것을 중요하게 여긴다.

이와 관련해서 내가 제일 좋아하는 이야기를 들려주겠다. 고등학교 2학년 때 있었던 일이다. 영어 선생님이 칠판에 분필로

점을 그렸다. 그러고 나서 선생님은 학생들에게 그것이 무엇인지 말해달라고 요청했다. 몇 분간 누구도 대답하지 않았다. 마침내 누군가 불쑥 "칠판 위에 분필로 된 점이에요."라고 소리쳤다. 그 후 더 많은 침묵이 흘렀다. 아무도 덧붙일 말이 없었다.

"상당히 놀랍구나." 선생님이 우리에게 말했다. "어제 여섯 살짜리 아이들과 비슷한 활동을 했는데 그 아이들은 바퀴, 새의 눈, 대리석, 셔츠에 묻은 음식 얼룩, 바나나 단면, 빈디, 토끼 똥 등 다양한 대답을 말했거든. 상상력을 마음껏 발휘했지!" 유치원에서 고등학교까지 올라오는 10년 동안 우리는 정답을 찾는 방법을 배웠을 뿐만 아니라 하나 이상의 정답을 찾고자 하는 의욕도 잃었다. 우리는 구체적으로 답을 찾는 방법은 배웠지만 상상력을 많이 잃어버렸다.

'하나의 정답'만 찾는 것은 문제를 다루는 방식에 심각한 결과를 초래할 수 있다. 대부분 사람은 문제를 좋아하지 않으며 문제가 발생하면 심지어 문제를 잘못 풀더라도 자신이 찾을 수 있는 첫 번째 방법으로 대응하는 경우가 많다.

재즈 밴드 리더인 카운트 베이시Count Basie는 한때 재즈 클럽 주인과 갈등을 겪었다. 베이시는 클럽에서 연주하는 피아노의 음정이 맞지 않아서 늘 불만이었다. 어느 날 베이시는 화가 나서 클럽 주인에게 "피아노를 제대로 고칠 때까지 연주하지 않겠습니다."라고 말했다. 한 달 후, 베이시는 주인으로부터 문제가 모두 해결되었다는 연락을 받았다. 다시 돌아와 클럽에서 연주하는데 피아노는 여전히 음이 맞지 않았다. "고쳤다고 했잖아요!" 화난 베이시가 소리쳤다. "했어요."라는 대답이 돌아왔다. "피아노 도색을 새로 했다고요."[*] 재미있는 이야기지만 우리 대부분은 적어도 매주 비슷한 상황에 직면한다.

이슬람교 종파 가운데 하나인 수피교의 교육자 이드리스 샤흐Idries Shahsms는 다음과 같은 선문답에서 이 사상의 본질을 포착했다.

해결된 문제는 전쟁터에서 부서진 칼만큼 인간의 마음에 유용하다.

샤흐는 부러진 검이라도 가치가 없지 않으며 무기가 없는 것보다 낫다는 사실을 잘 알고 있었다. 마찬가지로 과거의 해결책도 신중하게 적용하면 유용할 수 있다. 하지만 여기서 그가 말하는 요점은 인간 정신의 목적은 도전하고 탐구하는 데 있다는 것

---

[*] 클럽 주인은 자신의 클럽에서 발생하는 대부분 문제를 장식과 관련된 방법으로 해결했다. 이것이 그의 작업 방식이었다. 이는 "망치만 잘 다루는 사람은 모든 문제를 못 탓으로 돌리는 경향이 있다."는 아브라함 매슬로의 말과 비슷하다.

이다. 일단 해결책을 찾은 후에는 전쟁이 끝났다고 여겨 더 이상 해결책을 찾으려 하지 않는다. 해결된 문제에 대해 추가로 고민하는 것이 최선의 행동 방침일지라도 그런 일은 거의 발생하지 않는다.

예전에 대형 컴퓨터 회사의 고위급 직원을 위한 창의성 세미나를 진행한 적이 있었다. 그 회사의 대표는 고위 임직원들의 '인지적으로 부진한 분위기'가 걱정스러워서 나에게 세미나를 해달라고 요청했다. 그 회사 사람들은 제안할 때 보통 한 가지 안만 제시할 뿐 다른 선택지를 제시하지 않았다. 대부분이 하나의 정답을 찾도록 교육받았기 때문에 처음에 제시한 답에서 벗어나지 않는 경우가 많았다. 대표는 자신이 선택할 수 있는 제안과 의견이 다양할수록 좋은 결정을 내리기가 더 수월하다는 사실을 잘 알고 있었다. 또한 하나의 의견만 내는 습관이 직원들의 생각을 얼마나 고리타분하게 만드는지에 대해 걱정했다. 누군가가 단 하나의 의견만 낸다면, 그 사람은 가능성이 작고 색다른 의견에 모험을 걸기보다는 일반적으로 '확실한 방안'을 제안할 가능성이 크다. 이런 상황은 혁신적인 의견을 내는 데 열악한 환경을 조성한다. 내 안의 현명한 바보를 소환해서 그들에게 다음과 같은 조언을 했다.

두 번째 정답을 찾으세요.

다소 낯설기도 하고 이상하게 들릴 수 있지만, 혁신적으로 문제를 해결하는 데 정확히 필요한 것은 두 번째 또는 네 번째나 열 번째 정답인 경우가 많다.

가끔 두 번째 정답은 첫 번째 제시한 정답이 얼마나 안 좋은지를 보여준다. 예를 들어 경제학자 밀턴 프리드먼Milton Friedman은 1940년대 후반 전쟁이 끝난 후 서독에서 차를 몰고 가다가 한 무리의 노동자들이 건물 용지의 흙을 삽으로 퍼내는 광경을 목격했다. 궁금했던 프리드먼은 자신을 안내하던 사람에게 "불도저 같은 대형 굴착기나 다른 중장비를 사서 땅을 파는 건 어떨까요?"라고 물었다. 상대방은 "아, 잘 모르시는군요. 일자리를 제공하기 위해서 그런 것이에요."라고 말했다. 그러자 프리드먼은 이렇게 대답했다. "그런 거였다면 삽 대신 그냥 숟가락을 주지 그러셨어요!"

땅 파는 문제에 대해 과장된 해결책을 제시해서 프리드먼은 현재 접근 방식의 우스꽝스러움을 강조했고 그렇게 함으로써 관련자들이 다른 해결책도 고려하도록 만들었다.

더 많은 답을 찾는 간단하면서도 효과적인 방법은 질문하는 법을 바꾸는 것이다. 당신은 누군가가 "답이 뭐예요?" 혹은 "원인이 무엇인가요?"라고 묻는 것을 얼마나 많이 들어봤는가? 그렇게 묻는 사람들은 해답과 원인을 찾고 있다. 단 하나의 해답과 원인. 그것이 그렇게 질문하는 사람들이 찾을 수 있는 전부이다. 현명한 바보는 "정답들은 뭔가요?", "어떤 원인들이 있을까요?" 같이 복수형 답변을 유도하는 질문을 하도록 자신을 훈련하면 사람들이 조금 더 깊이 생각하고 하나 이상의 의견을 제공할 것이라고 말한다.

사람들 사이의 상호작용 대부분은 관련한 사람들의 동기와 인식에 따라 다양한 해석이 가능하다. 이 생각을 가장 잘 다룬 영화로 구로사와 아키라Akira Kurosawa 감독의 고전 심리 스릴러 「라쇼몽」을 꼽을 수 있다. 중세 일본을 배경으로 한 이 영화의 줄거리는 아내와 함께 숲속을 여행하던 사무라이의 살인 사건에 중점을 두고 있다. 시청자들은 도적, 사무라이의 아내, 죽은 사무라이, 현장 목격자인 나무꾼 등 여러 관련 인물로부터 살인 사건에 대해 서로 다른 네 가지 설명을 듣게 된다.

각 증인은 진실을 서로 다르게 해석하고 있었다. 각자의 견해가 얼마나 모순되고 이기적인지가 드러난다. 결국 시청자는 사무라이의 죽음이 살인인지 사고인지 자살인지 아니면 단순히 결투로 인한 죽음인지 확실하게 알 수 없다. 1950년에 이 영화가 개봉된 이후 똑같은 사건을 두고 사람들이 각자의 상황에 따라 다른 설명을 하는 현상을 지칭하는 '라쇼몽 효과'라는 신조어가 생겼다. 사람들은 어떤 상황에 대해 한 가지 이상의 관점에서 고려해야 무슨 일이 발생한 건지 이해하기 시작한다.

때때로 우리는 일상적인 작업 방식에 너무 얽매여 있기 때문에 첫 번째 정답에서 벗어나려면 약간의 도움이 필요하다. 이러한 동기는 주로 문제의 형태로 나타난다. 현명한 바보는 우리의 일상을 방해하는 문제는 참신한 대답과 해결책을 찾도록 만드는 이점을 제공한다고 말한다. 방해는 주로 실패의 형태로 나타난다. 일이 순조롭게 진행될 때 우리는 그것에 대해 별로 생각하지 않는다. 하지만 실패한다면 현재 방식이 제대로 작동하지 않는다는 의미로 새로운 접근 방식을 찾아야 할 때다.

대부분 사람은 '빛을 봤다고' 변하지 않는다.
'더위를 느낄 때' 변한다.

직장에서 해고당했던 한 친구가 나에게 말했다. "해고를 당한 건 정말 충격이었어. 하지만 내게 일어난 일 중 가장 좋은 일이기도 해. 내가 어떤 사람인지 파악할 수 있게 해줬거든. 나는 내 장단점을 정확하게 파악해야만 했어. 어쩔 수 없이 사회로 뛰어들어 쟁탈전을 벌여야 했거든. 6개월 후에는 상황이 훨씬 더 좋아졌어."

이와 같은 방해 원칙은 대기업과 기관, 조직에서도 분명하게 나타난다. 1989년 초대형 유조선 엑손 발데즈에서 유출된 수백만 리터의 석유가 알래스카 해안을 오염시킨 사건이 발생한 이후, 석유 산업은 석유 수송에 관한 많은 안전 기준을 재고하고 강화해야 했다. 1986년 챌린저 우주왕복선과 2003년 컬럼비아 우주왕복선 폭발사건으로 인해 미국 항공우주국NASA에서도 비슷한 일이 일어났다. 1912년 타이타닉호가 빙산에 부딪혀 침몰한 사건으로 인해 국제 빙상순찰대가 창설되었고 의무적으로 빙산을 보고하도록 법제화되었다. 2001년 9월 11일에 발생한 세계무역센터 테러 공격으로 인해 건축가들은 새로운 고층 건물을 건설할 때 화재 방지 기준을 크게 높일 수밖에 없었다. 2004년 인도양 쓰나미 참사로 인해 세계 지진 감시 당국은 경고 정보를 전파하고 공유하는 법을 변경해야 했다. 2020년 초 코로나바이러스 대유행으로 인해 많은 기관과 기업은 직원들이 근무하는 시간과 장소, 업무 수행 방식뿐 아니라 고객을 대하는 방식도 바꿔야 했다.

일상생활에 지장을 받아 기존 방안을 '두 번째 정답'으로 대신하거나 바꿔야 하는 해결책을 마련해야 했던 사람들이 발견과 발명의 역사를 만들었다. 이 현상을 잘 보여주는 사례로 후추를

구하기 위한 항해를 들 수 있다. 후추는 중세시대부터 유럽과 극동 아시아 지역에서 거래되는 가장 중요한 향신료였다. 당시 유럽에서는 고기를 소금에 절여 저장하는 것 외에 다른 보존 방법은 사용하지 않았으며 소금에 절인 고기를 먹으려면 누린내를 잡아주는 후추가 필요했다. 소금에 절인 고기를 식용으로 만들 수 있는 향신료는 후추밖에 없었다. 이런 이유로 유럽인들에게 소금과 후추는 굶느냐 고기를 먹느냐를 결정하는 중요한 식자재였다.

1453년 비잔틴 제국의 수도 콘스탄티노플이 함락된 후 승리를 거둔 튀르크인들은 지중해 동쪽의 육상 무역로 통행을 방해하기 시작했다. 이로 인해 후추 공급이 감소하고 가격은 엄청나게 치솟았다. 이 경제적 충격으로 인해 유럽 탐험가들과 기업가들은 두 번째 정답인 동양으로 가는 대체 통로를 찾기 위해 서쪽과 남쪽으로 항해했다. 역사가 헨리 홉슨Henry Hobson은 "아메리카 대륙은 후추를 찾는 과정에서 부산물로 발견되었다."라고 표현했다.

일상의 지장으로 인해 다른 정답을 찾게 되는 또 다른 예를 살펴보자. 네로 황제가 통치하던 기원후 64년에 로마에서 발생한 대화재로 인해 도시 대부분이 파괴되었다. 이후 로마 관리들은 앞으로 발생할 수 있는 화재를 방지하기 위해 기본 건설 방법을 재고할 필요가 있음을 깨달았다. 그 결과 대들보에 목재 사용을 금지하는 등 급진적으로 건축 법규를 개선했고 이런 변화로 인해 새로운 건축 자재인 화산회가 풍부한 콘크리트가 널리 사용될 수 있었다. 이 유연한 재료를 사용함으로써 로마 건축가들은 직각과 같은 제약에서 벗어나 돔이나 아치형처럼 새로운 모양의 건축물을 지을 수 있게 되었다.

요약

현명한 바보는 주어진 문제나 상황에 대해 항상 한 개 이상의 정답이 있다고 생각한다. 우리가 현명한 바보처럼 생각한다면 이런 대안을 찾는 일이 우리의 임무라고 여길 것이다. 자신에게 질문해 보자. "이 상황에서 두 번째 정답은 무엇일까? 대안이 뭘까? 분명 가까이 있는데 우리가 놓치고 있는 것은 무엇일까? 지금 우리 일상이 흐트러진다면 세 번째 정답은 무엇일까?"

5장.
일을 놀이처럼, 놀이를 일처럼

. . .

얘야, 우리는 지구에 놀러 온 거야. 누구도 다른 얘기하게 놔두지 마.

— 커트 보니것, 미국 소설가

소설가, 광고 카피라이터, 서기관, 사서, 성직자, 암호 제작자, 물리학자의 일곱 가지 말장난 예를 살펴보자. 이 말장난은 모두 놀이의 다른 측면을 강조한다.

말장난 #1. 아일랜드 작가 제임스 조이스James Joyce는 이렇게 생각했다.

Gee each owe tea eye "smells" fish.

조이스는 "G," "H," "O," "T," "I" 글자가 '물고기'라는 단어의 철자를 쓴다고 말했다. [Gee(지) each(이치) owe(오) tea(티) eye(아이)는 알파벳 G, H, O, T, I와 동음이기 때문이다.] 어떻게 이럴 수 있을까? 'GH'는 'rough(러프)'를 발음할 때처럼 'ㅍ' 소리가 나고, 'O'는 'women(위민)'을 발음할 때 'ㅓ'로, 'TI'를 'motion(모션)'을 발음할 때처럼 'ㅅ' 소리가 난다고 하면, 'GHOTI(ㅍ+ㅓ+ㅅ+ㅣ)'는 '물고기fish(피시)'로 발음해야 한다. 그냥 바보같이 까부는 것 같다고? 그럴지도 모른다. 그러나 그 기저에 깔린 장난기 넘치는 생각은 아원자 입자 이론, DNA 연구, 재미있는 장난감 분야에서 획기적인 발전을 만들어 내는 것과 같은 종류의 발상이다.

현명한 바보는 말장난 같은 놀이가 창의력 과정에서 중요한 윤활유 역할을 한다고 생각한다. 문제가 안 풀릴 때 그 문제를 가지고 노는 것만큼 현명한 바보를 즐겁게 하는 것은 없다. 나는 많은 사람, 실제로 수백만 명에게 주로 언제 아이디어를 얻느냐고 물어보았다. 대답은 보통 두 가지로 나뉘었다. 첫 번째는 필요에 의해서다. 어떤 문제에 직면했을 때, 물건이 고장 났는데 내가 고쳐야 할 때, 마감일이 임박했을 때 같은 상황에서 주로 영감을 얻는다고 응답했다. 이런 대답들은 "필요는 발명의 어머니"라는 오래된 격언이 옳다는 것을 증명한다.

두 번째는 편안한 상태에서다. 많은 사람이 앞서 말한 것과 정반대로 그냥 놀고 있을 때, 다른 일을 하다가, 너무 심각하게 생각하지 않을 때 아이디어를 얻었다고 응답했다. 나는 무척 흥미로운 결과에 이렇게 결론을 내렸다.

필요는 발명의 어머니일 수 있지만, 놀이는 확실히 발명의 아버지다.

현명한 바보는 당신이 마음속 놀이터에서 빈둥거리고 있을 때 새로운 발상을 많이 떠올린다는 사실을 알고 있다. 벌칙에 대한 두려움 없이 다양한 방법을 시도할 수 있는 권한을 자신에게 주자. 방어력은 낮아졌으며 규칙이나 잘못하는 것에 대한 염려도 거의 없다. 한 가지 시도를 해보고, 또 다른 시도를 한다. 가끔 아무런 성과를 거두지 못하기도 한다. '만약 이렇게 해보면'이나 '왜 안 되는데?'라고 묻고, 상황을 다른 맥락에서 반대로 바라본다. 그리고 마침내 가치 있는 아이디어를 떠올릴 수도 있다.

현명한 바보의 그런 접근 방식에 동의하는 사람 중 하나로 만화가 빌 워터슨Bill Watterson을 꼽을 수 있다. 워터슨은 많은 사랑을 받은 『캘빈과 홉스』의 저자로, 이 만화는 조숙한 아이와 아이의 친구인 호랑이 이야기를 다룬다. 그는 1990년 자신의 모교인 케니언대학 졸업 연설에서 이렇게 말했다.

문제를 해결하는 가장 좋은 방법은 마음을 놀게 하는 것입니다. 저는 매일 6살짜리 가상 인물인 캘빈의 마음속에 저를 집어넣고 자유롭게 제 호기심을 재발견했어요. 스스로 놀 수 있도록 놔둘 때 하나의 생각이 다른 생각으로 어떻게 이어지는지 알고 놀랐죠. 마음이 장난기로 가득하면 호기심이 많아지고 배우는 것이 즐거워요.

말장난 #2. 내가 좋아하는 인쇄 광고 중 하나는 1962년 카피라이터인 도일 데인 베른바흐Doyle Dane Bernbach가 찰스 피치릴로가 국립 도서관 주간을 홍보하기 위해 만든 것이다. 그 광고의 첫 줄은 다음과 같이 알파벳 소문자로 구성되었다.

abcdefghijklmnopqrstuvwxyz

그 아래에는 이런 문구가 있었다. "여러분 지역 공공도서관에 가면 이 알파벳들이 여러분을 울리고, 웃기고, 사랑하게 하고,

미워하게 하고, 궁금하게 만들고, 곰곰이 생각하게 하고, 이해하게 할 수 있는 방식으로 배열되어 있습니다. 이 26개의 작은 글자가 무엇을 할 수 있는지 보면 놀랍습니다. 셰익스피어에 손에 들어가면 『햄릿』이 됩니다. 마크 트웨인은 이것들을 『허클베리 핀』으로 바꾸었죠. 깁본Gibbon은 글자들을 『로마 제국 흥망사』로 몰아넣었고, 존 밀턴John Milton은 그들을 『실낙원』으로 만들었어요." 여기에는 몇 가지 메시지가 있지만 나한테 가장 중요한 교훈은 따로 있다. 창의적인 발상은 자원이 아주 단순하거나 한정적이더라도 그것을 가지고 놀고 조작하는 데서 나온다는 사실이다.

마찬가지로 현명한 바보는 문제를 다루는 좋은 방법은 문제의 요소를 재배열하는 것이라고 말한다. 적절한 단어를 만들기 위해 선반에서 글자 조각을 이리저리 옮기는 스크래블 게임*을 하는 사람처럼 현명한 바보는 무언가 유망한 발상이 떠오를 때까지 상황의 조각들을 재배열하기를 좋아한다.

예를 들어 스포츠 분야에서 코치는 팀 성과를 높이기 위해 최대한 효율적으로 선수들을 배치한다. 비즈니스에서 관리자는 변

---

* 알파벳 철자를 보드 위에 올려서 단어를 만들고, 이에 따라 점수를 얻어서 점수를 많이 모으면 승리하는 보드게임.

화하는 시장 상황을 활용하기 위해 직원을 재배치한다. 전쟁에서 지휘관은 적을 압도하기 위해 이례적인 방식으로 군대를 배치할 수 있다. 작곡가는 음악의 느낌을 바꾸기 위해 악보에 나온 악기를 재편성하기도 한다. 인테리어 디자이너는 방을 꾸밀 때 따뜻한 느낌을 주기 위해 가구와 방 안의 물품들을 재배치한다. 시나리오 작가는 더 강렬한 스릴러를 만들기 위해 전형적인 줄거리를 바꾸기도 한다. 실제로 프랑스의 장뤼크 고다르Jean Luc Godard 감독은 이렇게 말했다. "영화에는 시작, 중간, 끝이 있어야 한다. 하지만 반드시 이 순서일 필요는 없다."

말장난 #3. 지금으로부터 거의 3000년 전인 기원전 8세기에 한 그리스 서기관이 독서 과정을 개선할 방법을 찾으려 애쓰고 있었다. 그 당시 그리스 문자는 그리스어의 기반이 된 페니키아 문자처럼 모음 없이 자음으로만 구성되어 있었다. 그 서기관은 모음 없는 글쓰기가 어려울 뿐만 아니라 독서 속도를 늦추며 이해를 어렵게 만든다는 것을 깨달았다. 독자가 단어를 이해하려면 의미를 파악하기 위해서 자음 사이에 빠진 모음이 무엇인지 추측해야 했다. 예를 들어, 현대 영어로 바꿔보면 다음과 같다. 두 자음 단어 'FR'은 '멀리FAR', '전나무FIR', '털FUR', '불FIRE' 심지어 '아프로 머리 스타일AFRO' 가운데 무엇을 의미하는 걸까?

여타 다른 인지 활동과 마찬가지로 글자의 맥락과 독자의 개인적인 경험이 문자를 해석하는 데 영향을 미칠 것이다.[예를 들어, 우리말로 바꿔보면 다음과 같다. 두 자음 단어인 'ㅅㄹ'은 '사람', '사랑', '소리', '사람', '소라' 심지어 '수용력'을 의미할 수도 있다.]

혁신적인 성향을 지녔던 그 서기관은 그리스 문자를 보며 장난스럽게 자신에게 질문했다. "내가 이 기호를 다른 방식으로 보고 일부 글자를 자음 대신 실제로 말하는 모음 소리로 나타내면 어떨까?" 그 결과 일곱 개의 모음 알파, 엡실론, 에타, 요타, 오미크론, 입실론, 오메가가 생겨났다. 이 새로운 문자인 모음을 기존의 자음과 결합함으로써 그는 최초의 완전한 음성 문자, 다시 말해 모든 소리를 언어로 표현할 수 있는 문자를 만들었다. 이것은 놀랄 만큼 강력한 발명품이다! 이 문자로 인해 작가들은 말을 글로 정확하게 표현할 수 있었고 반대로 독자들은 글을 읽고 말할 수 있었다. 그 결과 초기 그리스인들은 글을 읽는 속도가 빨라졌고 이해력이 크게 향상되었다.

이 이야기는 현명한 바보가 가장 좋아하는 놀이법인 사물과 생각을 새롭고 다양한 방식으로 혼합하고 연결하는 법을 강조한다. 몇 가지 예로 발명가는 새로운 제품을 만들기 위해 부품을 결합한다. 요하네스 구텐베르크는 포도를 짜는 기구와 동전 펀치를 결합해서 이동식 활자와 인쇄기를 만들었다. 기업가들은 새로운 사업을 구축하기 위해 다양한 분야의 자원을 모은다. 우버의 창립자들은 스마트 모바일 기술에 디지털 수집기 플랫폼을 추가하여 실시간으로 시장에서 승객과 운전자를 동기화함으로써 주문형 운송 산업을 변화시켰다.

금속 공학자들은 새로운 재료를 만들기 위해 서로 다른 재료를 혼합한다. 고대에 칼을 만드는 장인들은 부드러운 구리와 더 부드러운 주석을 합금하여 단단한 청동을 만들었다. 과학자들은 다양한 개념을 결합하여 새로운 설명 모델을 탄생시켰다. 자연주의자 찰스 다윈은 무작위 유전자 돌연변이 개념을 자연 선택과 결합하여 진화 이론을 창시하였다. 기술자들은 새로운 기술을 만들기 위해 기존 기술을 통합한다. 미군 병사들은 위성, 원자 시계, 컴퓨터 알고리즘, 무선 송신기, 수신기를 통합해서 위성항법시스템GPS을 만들었다.

말장난 #4. 기원전 4세기에 그리스의 한 사서가 최근에 입수한 많은 필사본을 보관하는 임무를 맡았다. 사서는 "나 혹은 다른 사람이 나중에 이 필사본들을 쉽게 찾을 수 있도록 간단하게 정리하는 체계는 없을까?"라고 자신에게 물었다. 한동안 이 문제를 가지고 놀다가 그리스 알파벳을 생각했지만, 일반적인 사용법과는 달랐다. 당시 사람들은 그리스 알파벳을 주로 의미를 전달하는 단어를 만드는 데 사용하는 일련의 음성 기호(알파, 베타, 감마, 델타, 엡실론, 제타 등)로 여겼다. 사서는 알파벳의 단어 형성 기능을 강조하지 않기로 했다. 그렇게 함으로써 그는 눈에 덜 띄는 특징인 각 글자 사이의 관계에 초점을 맞출 수 있었다. "제목이 델타로 시작하는 책은 엡실론으로 시작하는 책보다 앞에, 감마로 시작하는 원고보다는 뒤에 배치하고 전체적으로 같은 논리를 적용하면 어떨까? 간단하고 효율적인 보관 및 검색 시스템을 만들 수 있을 거야."라고 생각했다. 알파벳의 언어적 목적을 무시함으로써 그 사서는 알파벳의 '순서화' 기능을 발견할 수 있었다!

우리는 익숙하지 않은 상황에서 친숙한 대상을 장난스럽게 상상할 때 이런 종류의 사고를 사용한다. 예를 들어 볼펜을 무기라고 생각하거나 마른 나뭇잎을 화장지로, 쇠숟가락을 식기가 아닌 이동식 도구로 사용할 수 있는 빛나는 금속 물체라고 상상한다.

이런 방식으로 사고를 변형하는 또 다른 예를 소개한다. 다음 다섯 단어의 공통점이 무엇인지 확인하라는 질문을 받았다고 생각해 보자.

crabcake게살케이크, **coughing**기침, **popquiz**깜짝 퀴즈,
understudy대역, **calmness**평온

처음에는 의미를 살펴보고 단어 사이의 연결고리를 파악하려
고 개념적인 접근을 시도할 것이다. 그러나 관점을 장난스럽게
바꿔 이걸 단어로 보지 않고 문자열로 보면 각각의 단어에 세 개
의 연속된 알파벳이 있음을 알 수 있다.

말장난 #5. 지난 1500년 동안 잘 알려지지 않은 의사소통의
발전 가운데 하나는 단어 사이에 띄어쓰기를 적용한 것이다. 지
금 읽고 있는 이 책의 단어들은 띄어쓰기로 구분되어 있어서 읽
기가 쉽다. 하지만 기원후 8세기 이전 라틴어는 다음과 같이 연
속해서 썼다.

읽는단어사이에공백이없으면읽는것이훨씬더어려워진다.

이렇게 띄어쓰기가 없는 글을 읽으면 읽는 속도가 느려진다.
하지만 고대에는 '귀로 읽기'라고 불리는 방식으로 매우 큰 소리
로 라틴어 원고를 읽었다. 고대 독자들은 자신들의 언어에 적당
히 익숙해져 있어서 읽는 대신 소리로 단어를 쉽게 식별할 수 있

었고 단어를 이해하는 데 거의 어려움이 없었다. 하지만 후대까지 늘 그렇게 익숙했던 것은 아니다.

8세기 로마 제국 변방에 살았던 색슨족과 고트족 사제들은 라틴어에 대한 이해가 그리 깊지 않았기 때문에 미사를 읽을 때 단어가 어디에서 끝나고 언제 다음 단어가 시작되는지 결정할 수가 없었다. 사제들은 단어를 알아보는 데 도움이 되도록 미사문 사이사이에 공백을 넣어서 이 문제를 해결했다. 시간이 지나면서 띄어쓰기의 예상치 못한 장점을 발견했다. 읽는 속도가 빨라진 것이다! 단어가 시작되는 부분과 끝나는 부분을 알면 더 빨리 단어를 인식할 수 있다. 게다가 뇌는 말하는 데 걸리는 시간보다 훨씬 더 짧은 시간 안에 단어를 읽을 수 있다. 12세기에 이르러 대부분 문헌에서 띄어쓰기를 도입했고 눈으로 읽는 방식이 널리 퍼졌다.

당신 아이디어 주변에 있는 공간을 찾고 활용해서, 아이디어를 강조하고 아이디어가 숨 쉴 수 있도록 하라. 같은 맥락에서 존경받는 피아니스트 아르투르 슈나벨Artur Schnabel은 자신의 예술성 비결을 이렇게 설명했다. "내가 치는 음들은 다른 피아니스트와 별반 다르지 않다. 하지만 음표 사이사이에 있는 쉼표, 그곳에 바로 예술이 존재한다." 13세기 수피파 시인 루미Rumi도 비슷한 생각을 했다. "모든 장인은 기술을 연마하기 위해 자신에게 없는 것을 찾는다."

말장난 #6. 1830년대 후반에 사무엘 모스Samuel Morse와 그의 동료 알프레드 베일Alfred Vail은 사람들의 의사소통 방식을 근본적으로 바꿀 수 있는 물리적 발명품 전자기 전신기를 개발했다. 이제 모스와 베일은 통신의 기본 단위를 통합하는 언어, 즉 점과 대시로 이루어진 짧고 긴 전기 파동을 부호화한 뒤 배열해 알파벳 개별 문자로 나타낼 수 있는 언어가 필요했다.

언어를 만드는 과정에서 전송 속도를 높이려면 가장 자주 사용하는 문자에는 점(·)과 대시(−)를 더 짧은 조합으로 사용해야 한다는 점을 깨달았다. 그렇다면 가장 자주 사용하는 문자는 과연 무엇이었을까? 당시에는 어떤 영어 문자를 많이 사용하는지 빈도를 파악하는 통계 연구가 많지 않았기 때문에 모스와 베일은 사람들이 자주 사용하는 문자가 무엇인지 알지 못했다. 그래서 어떻게 했을까? 문제를 가지고 놀고 외부 영역에서 해결 방안을 찾아보기로 했다! 모스는 다양한 글자의 사용 빈도를 알아보기 위해 지역 신문사, 그중에서도 조판소로 베일을 보냈다. 베일이 사용 빈도를 조사한 결과 E는 만 이천 번, T는 구천 번, Z는 수백 번에 불과하다는 사실을 알게 됐다. 모스와 베일은 이 숫자가 알파벳이 사용되는 빈도를 나타낸다고 생각했다.

이렇게 활자 케이스를 통해 얻은 통찰력을 자신이 만든 부호에 적용해서 '모스 부호'의 최초 형태를 수정했다. 예를 들어 T에 '대시-대시-점(--·)'을 사용하려 했으나 단순하게 '대시(-)'로 변경했다. 마찬가지로 E는 '점 하나(·)'로 변경하고, Z는 더 길게 '대시-대시-점-점(--··)'으로 변경했다. 이렇게 바꿈으로써 이후 수십 년 동안 전신 기사들이 수십억 번의 불필요한 자판을 누르는 일을 방지할 수 있었다. 과학사학자 제임스 글릭James Gleick에 따르면, 이후 정보 이론가들은 모스 부호가 불필요한 키 입력을 최소화하는 15퍼센트 이내 최적 배열을 갖추었다는 사실을 발견했다.

이 이야기는 현명한 바보가 문제를 가지고 노는 또 다른 방법, 즉 외부 영역 및 분야에서 해결책과 영감을 찾는 법을 강조한다. 예를 들어 수학자 존 폰 노이만Jonh von Neumann은 포커 테이블에서 나타나는 행동을 분석하여 '게임 이론' 경제학 모델을 만들었다. 데이터베이스 디자이너인 에릭 루머Erik Lumer는 일개미들이 둥지를 청소할 때 어떻게 죽은 개미를 군집하는지를 연구하여 은행 산업 분야에서 활용할 수 있는 유연한 고객 자료수집 시스템을 만들었다. 그리고 제1차 세계 대전 당시 군사 디자이너들은 탱크와 대포를 적의 눈에 띄지 않게 하려고 피카소와 브라크의 입체파 예술에서 따온 위장 무늬를 사용했다.

말장난 #7. 물리학자 머리 겔만Murray Gell-Mann은 제임스 조이스의 소설『피네건의 경야』에 나오는 문장을 따와서 원자보다 작은 구성 입자 개념을 설명하는 '쿼크'라는 용어를 만들었다. 다양한 종류의 쿼크에 '맛', '향', '맵시', '야릇한' 등 독특한 이름을 붙인 이유에 관해 설명해 달라는 요청을 받았을 때 겔만은 웃으며 대답했다. "그냥 재미로 그랬어요. 거창한 이름을 사용한 데 특별한 이유는 없어요. 장난을 칠 수도 있죠."

겔만의 이야기는 놀이에 대한 중요한 아이디어, 즉 놀이의 가장 중요한 부산물 중 하나는 재미라는 점을 강조한다. 현명한 바보는 재미를 매우 강력한 동기 부여 요인이라고 생각한다. 예를 들어, 왓슨Watson과 크릭Crick이 이중 나선 구조를 발견하는 데 큰 영향을 미친 결정학 연구를 했던 과학자 로잘린드 프랭클린Rosalind Franklin에게 동기 부여 요인이 무엇이냐는 질문을 던졌다. 프랭클린은 "우리 일이 너무 재밌거든요!"라고 대답했다.*

나는 기하학적인 입체 모형을 가지고 노는 것을 정말 좋아한다. 한 손에서 다른 손으로 입체모형을 던지면서 놀다 보면 창의력이 샘솟는다. 어렸을 때부터 십이면체, 이십면체 같은 다면체

---

* 물리학자 리처드 파인만(Richard Feynman)도 비슷한 철학을 가지고 있었다. 파인만은 "과학을 하는 것은 성관계와 비슷하다. 때때로 엄청난 결과물이 나오지만, 단지 그 결과물 때문에 우리가 그 일을 하는 건 아니다."라고 말했다.

를 직접 만들어 왔다. 몇 년 전 나는 삼십면체를 손에 쥐고 있으면서 "어떻게 하면 이 멋진 물건을 가지고 놀기 좋게 만들 수 있을까?"라는 생각이 들었다. 나는 삼십면체를 똑같은 마름모꼴 피라미드 서른 개로 잘랐다. 다 자른 뒤 각각의 조각에 여섯 개의 희토류 자석을 삽입해서 일종의 '설계 시공 조립 용품 세트'로 만들었다. 재미에 대한 열망이 있었기에 '각성의 볼'이라는 창의력 장난감을 만들 수 있었다. 이 장난감은 내가 만든 제품 중 인기가 많은 제품 중 하나이다.

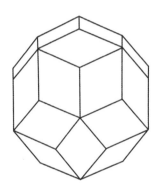

재미있는 기하학적 발상과 관련해서 최근 새로운 장난감 제작 아이디어를 발굴하는 방법으로 스스로 이런 문제를 냈다. "한 변의 길이가 x인 십육각형을 가져와서 내부 공간을 한 변의 길이가 x인 마름모 28개로 나눈다." 잠시 가지고 놀다가 찾은 해결책

하나는 다음의 그림과 같다.

얼마나 멋진 무늬인가! 어쩌면 뭔가 새로운 일이 생길지도 모르겠다.

요약

문제를 가지고 노는 태도는 당신 앞에 놓인 문제의 다양한 부분을 능숙하게 처리할 수 있도록 도와준다. 현명한 바보는 이렇게 말한다. "어떻게 당신만의 정신적 놀이터에 들어가는가? 문제 요소 조각들을 어떻게 재배열할 수 있을까? 전에는 연결되지 않았던 생각들 가운데 어떤 것들을 결합할 수 있을까? 어떤 외부 영역이나 분야를 탐험할 수 있을까? 어떻게 해야 지금 하는 일을 더 재미있게 만들 수 있을까?"

6장.
뒤집어 질문하기

* * *

앞에 있는 것을 두 배로 열심히 살펴본다고 해서

그 뒤에 있는 좋은 아이디어를 볼 수는 없다.

— 안드레아 머서Andrea Mercer, 미국 시인

현명한 바보는 관점을 바꾸면 일반적으로 간과하던 사실들을 발견할 수 있다고 생각한다. 1950년대 중반에 「6만 4천 달러짜리 질문The $64,000 Question」, 「틱택도우Tic-Tac-Dough」, 「21」 같은 TV 퀴즈쇼는 시청률이 매우 높아 방송국들은 큰 이익을 얻을 수 있었다. 그런데 1958년 일부 참가자들에게 미리 정답이 제공되었다는 '찰스 반 도렌 스캔들'이 터지면서 대중들은 쇼가 조작되었다는 사실을 알게 되었다. 곧이어 그 퀴즈쇼를 비롯한 많은 다른 쇼가 폐지되었다.

그로부터 몇 년 후 미디어 회사 경영자이자 인기 토크쇼 진행자인 머브 그리핀Merv Griffin은 얼마나 많은 퀴즈쇼가 폐지되었는지에 대해 아내 줄런Julann과 이야기하고 있었다. 그리핀은 퀴즈쇼 형식이 시청자들의 신뢰를 모두 잃었기 때문에 복귀할 수 없으리라 생각했다. 아내 줄런은 장난스럽게 말했다. "참가자들에게 처음부터 답을 주고 참가자들이 문제를 내도록 하면 어때요?" 사실, 안 될 이유는 없다! 그리고 줄런이 "79 위시풀 비스타"라고 말하자, 그리핀은 "파이버 맥기와 몰리의 주소는 무엇입니까?"라고 대답했다. 이 질문은 그리핀과 줄런이 어렸을 때부터 듣고 자랐던 오래된 라디오 코미디 프로그램에 관한 이야기였다. 이런 방식은 그동안의 퀴즈쇼 형식과 완전히 반대였다! 이 대화로부터 오랫동안 인기를 끈 장수 퀴즈쇼 「제퍼디Jeopardy!」가 시작되었다.

1954년 봄, 시애틀에서 운전자들이 자동차 앞 유리에 작게 팬 구멍 자국이 있다는 사실을 발견해 곤혹스러워하는 현상이 발생했다. 작게 파인 부분이 점점 더 많은 지역에서 발견되자 지역 주민들은 독특한 형태의 집단 히스테리 증상을 보였으며 긁힌 자국의 원인을 설명하려는 많은 이론이 난무했다. 그중 하나로 러시아에서 하는 핵 실험이 대기를 오염시켰고 이것이 시애틀의 우천 기후와 결합해 유리를 녹이는 빗방울을 만든다는 가설이 있었다. 시애틀에 최근 건설된 도로가 유리창에 산성 물질을 뿌린다는 가설도 있었고, 심지어 모래벼룩알과 우주로부터 온 광선으로 인해 유리가 움푹 파인다고 추측하기도 했다.

사람들이 두려움으로 점점 더 혼란스러워하자 미국 연방 정부는 그 미스터리를 조사하기 위해 과학자 팀을 시카고로 보냈다. 과학자들은 유리 구멍의 크기가 전혀 커지지 않는다는 사실을 발견했다. 유리 구멍에 대한 보도가 더 많은 사람의 관심을 끌자, 과학자들은 본인의 차를 점검하기 시작했다. 대부분 차 안쪽이 아닌 바깥에서 유리를 살펴보았고 일상적인 주행으로 인해 예외 없이 발생하는 마모라는 사실을 알게 되었다. 앞 유리가 긁힌 것이 아니라 반대 방향인 차 안쪽에서 봐서 그렇게 보였다. 관점을 뒤집음으로써 평소와 같은 상황에서 그동안 알아차릴 수 없었던 현상을 파악할 수 있었다.

현명한 바보는 이 전략의 결과는 다음과 같다고 말한다.

**같은 문제를 두 번째로 공격할 때는
완전히 다른 방향에서 진행해야 한다.**

예를 들어 교육자 닐 포스트먼Neil Postman은 몇 세기 전에 이상하면서도 치명적인 역병이 리투아니아의 한 작은 마을을 강타했던 이야기를 들려준다. 이 병은 감염되면 거의 죽음과 같은 깊은 혼수상태에 빠지게 된다는 점에서 독특했다. 드물게 회복력이 강한 사람은 완전히 건강을 되찾지만, 대부분은 몇 시간 안에 사망했다. 17세기에는 의료 기술이 제대로 발달하지 않아 병에 걸리지 않은 사람들은 환자가 죽었는지 살았는지 구별하는 데 어려움을 겪었다. 하지만 병에 걸린 환자가 대부분 죽었기 때문에 큰 문제가 되지는 않았다.

그러던 어느 날 누군가가 산 채로 묻혔다는 사실이 밝혀졌다. 고민에 빠진 마을 사람들은 이런 일이 다시는 일어나지 않도록 대책을 세우기 위해 의회를 소집했다. 짧은 토론을 한 후 대다수가 모든 관에 음식과 물을 넣는 데 찬성했다. 심지어 관에서 땅 표면까지 공기구멍을 만들기로 했다. 이렇게 하면 비용이 많이 들지만, 생명을 구할 수 있다면 그만한 가치가 있다고 여겼다. 하지만 소수의 사람이 이 제안은 너무 돈이 많이 든다고 여겨서 더 저렴한 해결책인 관 뚜껑에 못을 박지 않는 방법을 지지했다. 관 뚜껑이 그대로 닫혀있다면 피해자 상태에 대한 모든 불확실성이 사라진다. 해결책을 찾기 위해 던진 질문이 해결책을 두 가지로 구분하게 했다. 첫 번째 집단은 "우리가 누군가를 산 채로 묻는다면 어떻게 될까?"라고 질문했지만, 두 번째 집단은 "우리가 묻은 모든 사람이 과연 죽었는지 어떻게 확인할 수 있을까?"라고 물었다.

문제를 해결하기 위해 역방향 접근 방식을 사용하는 또 다른 예를 살펴보자. 한 냉동 생선 가공업자는 소비자들이 생선이 싱싱하지 않다고 불평해서 새로운 종류의 생선을 판매하는 데 어려움을 겪었다. 가공 직전까지 수조에 보관하는 등 신선함을 유지하기 위해 온갖 방법을 다 시도했지만 아무 소용이 없었다. 아이디어가 거의 바닥났을 때쯤 우연히 지나가던 외부인이 아이디어를 제공했다. 그 사람은 포식자를 수조에 넣어두면 신선함을 유지할 수 있다는 간단한 제안을 함으로써 문제에 대한 회사 직원들의 인식에 도전했다. 그 발상은 매우 성공적이었다. 물고기들은 잡아먹히지 않으려고 계속 팔딱거리며 움직였고 신선함을 유지할 수 있었다. 그 과정에서 물고기 몇 마리가 죽긴 했지만, 제품이 잘 팔렸기 때문에 그 정도 손해는 충분히 상쇄하고도 남았다. 물고기를 소중히 보살피기보다는 오히려 물고기에게 겁을 줘서 살려고 발버둥 치게 만드는 것이 더 좋은 해결책이었다.

특히 같은 상황에 반복해서 직면한다면 관점을 바꾸는 것이 문제를 재구성하는 훌륭한 기법이 된다. 당신이 몇몇 친구들과 함께 서재에서 TV를 보고 있다고 가정해 보자. 한 친구가 들어오다가 의자에 걸려 넘어졌다. 그 사람이 의자를 제자리에 놓으면서 자신이 일으킨 소동에 대해 변명한다. 이 남자에 대한 인상이 어떨까? 당신은 아마 넘어진 사람을 멍청이라고 생각할 것이다. 몇 분 후 다른 사람이 방으로 걸어 들어왔는데 그 사람도 의자에 걸려 넘어졌다. 그리고 10분 뒤 또 다른 사람이 방에 들어오다가 그 의자에 걸려 넘어졌다. 당신은 지금 어떤 생각이 들까? 상황에 대한 인식을 뒤집었다면 아마 의자가 잘못된 위치에 있다는 결론을 내리고 당신이 의자를 다른 곳으로 옮겨놓지 않는 한, 방에 들어오는 또 다른 사람들도 의자에 걸려 넘어질 것이라고 예상할 수 있다.

현명한 바보는 평소와 상반된 방식으로 상황에 접근하면 일반적으로 알아차리지 못했던 것들을 찾는 데 도움이 된다고 말한다. 예를 들어, 모두가 멋진 일몰을 바라보고 있을 때 뒤돌아 하늘의 푸른색과 보라색을 바라보는 건 어떨까? 찻잔을 살펴볼 때 무엇이 눈에 띄는가? 색깔? 소재? 디자인? 관점을 바꿔서 컵 안의 공간을 살펴보라. 그 공간이 바로 찻잔의 기능적 가치를 창출한다.

당신이 배구 코치라고 가정하고 "우리 팀이 완전체가 되어 경기하는 것이 아니라 조화를 이루지 못하게 하려면 어떻게 해야 할까?"라고 물어라. 당신이 하는 대답은 선수들을 불안하게 만드는 목록일 수 있다. 그리고 이 목록에 적힌 내용을 미리 연습해야 하는데 다음 경기 때 이런 상황을 겪을 수 있기 때문이다.[*]

마트에서 식료품을 산다고 가정해 보자. 주변 사람들이 사과, 포도, 아스파라거스를 비닐봉지에 욱여넣는 것을 본다. 당신은 스스로 이렇게 질문한다. "내가 이것을 거꾸로 했다면? 내가 만약 비닐봉지 안에 손을 넣고 식료품을 집어서 위로 봉지를 당기면 어떻게 될까?"

이번에는 회사에서 고객 서비스 개선을 담당하고 있다고 가정해 보자. 불만을 줄이는 방법에 중점을 두면 하나의 의견이 떠오르지만, 고객이 직원에게 칭찬하는 메시지를 늘리는 방법을 찾다 보면 또 다른 여러 개의 방안이 떠오른다. 이와 유사하게 많은 의사가 치료에서 예방으로 관심을 전환하면서 건강 관리에 대한 책임을 의사로부터 환자에게 옮겨서 환자가 건강을 관리하는 방법을 더 많이 알게끔 했다.

---

[*] 2008년 올림픽 수영 챔피언인 마이클 펠프스에게 이런 상황이 발생했다. 2백 미터 접영 경기가 시작되어 펠프스가 물속으로 뛰어들고 난 이후 그의 물안경에 물이 가득 차기 시작했다. 마지막 바퀴가 되었을 때 펠프스의 물안경에는 물이 가득차서 거의 앞이 안 보이는 상태로 경기를 하고 있었다. 다행히도 펠프스의 코치인 밥 보우먼(Bob Bowman)은 그런 상황이 발생할 것을 대비해 펠프스에게 문제 상황에 익숙해지도록 연습시켰다. 실제로 같은 일이 일어났을 때 펠프스는 차분하게 자신이 몇 바퀴째인지를 세었고 결국 기록을 세우며 금메달을 따냈다.

현명한 바보는 스포츠나 비즈니스, 연애, 전쟁 같은 경쟁 상황에서 예상과 반대로 행동하는 것이 효과적인 전략임을 알고 있다. 이런 상황에서 보통 한쪽은 상대편이 무슨 행동을 할지 예상한다. 하지만 상대편이 이런 기대에 반하는 행동을 한다면 상대방은 목표에 도달할 가능성이 더 커진다.

예를 들어 정신과 의사인 폴 와츠라비크Paul Watzlawicksms 전쟁 중에 예상치 못한 행동을 하는 것이 효과가 있다는 이야기를 들려준다. 1334년 티롤 공작부인은 오스트리아의 호코스터비츠 성을 포위했다. 공작부인은 요새가 계곡 바닥보다 높은 절벽에 자리 잡고 있어서 포위 공격에 수개월이 소요될 것으로 생각했다. 시간이 지나면서 성 안에 있는 수비병들은 절망에 빠졌다. 남은 음식이라고는 고작 소 한 마리와 곡식 몇 자루뿐이었다. 하지만 공작부인의 상황도 심각하긴 마찬가지였다. 공작부인의 군대는 제멋대로 굴어서 통제가 어려웠을 뿐만 아니라 또 다른 긴급한 문제도 떠안고 있었다.

상황이 점점 악화되는 가운데 숙고하던 호코스터비츠성의 지휘관은 부하들이 완전히 어리석다고 생각할 만한 행동 계획을 세웠다. 마지막 남은 소를 잡아 그 안을 곡식으로 채운 후 소의 사체를 절벽 위 적진이 있는 초원에 던졌다. 공작부인은 이 경멸적인 메시지를 성에 음식이 남아돌아서 낭비한다는 의미로 해석했다. 성 지휘관은 공작부인의 예상과 정반대로 행동해서 성을 함락하기 위한 공격이 효과가 없을 것이라고 그녀가 믿게 했다. 이에 낙담한 공작부인은 포위를 포기하고 성을 떠났다. 고대 중국의 전략가이자 『손자병법』의 저자 손자라면 이 역발상 전술에 박수를 보냈을 것이다. 상황에 따라 반대 의견을 제시하는 손자는 이렇게 말했다.

모든 전쟁은 속임수에 기반을 둔다.
강할 때는 약한 척하고 약할 때는 강한 척한다.

살다 보면 이렇게 직관에 어긋나는 접근법을 사용하게 될 기회가 많다. 당신은 더 매력적으로 보이기 위해 힘든 경기를 한 적이 있는가? 문제를 해결하기 위해서 그 문제에서 벗어났는가? 혼자 지내기 위해 도시로 간 적이 있는가? 두려움을 이겨내기 위해 두려움을 받아들였는가? 사람들의 관심을 끌려고 아주 작은 목소리로 말한 적이 있는가? 지혜를 얻기 위해 어린아이의 눈높이에서 문제를 바라본 적이 있는가? 그렇다면 당신은 현명한 바보의 역 접근법을 이미 사용했다. 고등학교 역사 선생님이 제2차세계 대전의 주요 인물들과 사건에 대한 강의를 하던 중 드와이트 D. 아이젠하워Dwight D. Eisenhower,[*] 조지 S. 패튼George S. Patton,[**]

노먼 D. 비치헤드***라는 이름을 언급했다. 나는 이 이야기를 듣고 웃음을 터뜨린 후 멈출 수가 없었고 결국 그 벌로 방과 후에 남아야 했다. 물론 나도 연합군 작전 개시일D-day 침공 장소의 이름을 잘못 들어서 사람과 혼동한 적이 있었다. 그것이 내가 '몬더그린'****을 공식적으로 처음 접한 계기였다.

몬더그린은 실제 말하는 단어와 말하는 사람이 유도한 단어 사이의 청각적 유사성으로 인해 단어, 구 또는 구호를 잘못 들을 때 발생한다. 우리가 사용하는 영어에서 몬더그린 현상을 많이 접할 수 있는데, 특히 알아듣기 힘든 노래 가사에서 많이 발생하며 몬더그린은 우리가 소리를 들을 때 두뇌가 의미를 생성하는 방법에 대한 통찰력을 제공한다. 잘못 들은 구절이 이해되면 어떤 사람은 그것을 계속 사용해서 재미있는 결과를 얻기도 한다.

---

* 노르망디 상륙 작전을 지휘하고 2차 세계대전을 승리로 이끈 연합군의 주요 사령관으로 훗날 미국의 34대 대통령을 역임하였다.

** 제2차 세계 대전 당시 미국 육군 대장으로 노르망디 상륙 작전에서 큰 활약을 했다.

*** '노르망디 비치헤드'라고 발음되는 이름을 작명한 것으로, 노르망디 상륙 작전의 해안 두보를 의미한다.

**** 어떤 단어나 구절을 알아듣기 힘들 때 듣는 사람이 말이 되는 쪽으로 해석하는 착각 현상. 예를 들어 월드컵 응원가였던 "오, 필승 코리아!"가 영미인들 귀에는 "Oh, Peace of Korea(한반도의 평화)"로 들린다.

- 지미 헨드릭스의 「퍼플 헤이즈」에서 원래 가사 "하늘에게 키스할 동안 잠깐 실례할게 | Scuse me, while I kiss the sky[더 스카이]"가 남자에게 키스할 동안 잠깐 실례할게 | Scuse me, while I kiss this guy[더 가이]"로 들린다.

- 비틀즈 「루시가 다이아몬드를 가지고 하늘에 있다 | Lucy in the sky with diamond」의 [인 더 스카이]가 "다이아몬드로 변장한 루시 | Lucy in disguise with diamonds"[인 디스 가이스]로 들린다. 또한 원래 가사는 "만화경 같은 눈을 가진 소녀 | the girl with kaleidoscope eyes[콜라이더스콥 아이즈]"인데 "대장염이 있는 소녀가 지나간다 | the girl with colitis goes by[콜라이티스 고즈 바이]"로 들리기도 한다.

- 밥 딜런의 노래 「바람에 실려서 | Blowin' In the Wind」에서 원래 가사는 "그 답은, 친구여 | The answer is, my friend"[디 앤설 이즈]가 발음의 유사성으로 "개미는 내 친구 | the ants are my friend"[디 앤츠얼]로 들린다.

몬더그린 현상이 반영된 노래 가사 예시

교리문답에서 성모송을 '수영하는 수도승이여, 축복이 있도다.'라고 배운 소녀나 일기예보 전문가의 전문 용어가 '살찐 비뇨

기과 전문의'라는 사실을 알게 된 소년을 한번 상상해 보라.

성모송 가사에 "여인 중에 복되시며 | Blessed art thou amongst women[어몽스트 위민]"라는 부분이 '수영하는 수도승 | monk swimming[몽크 스위밍]'과 발음이 유사하며, 기상학자를 뜻하는 단어 'Meteorologist[미디올로지스트]'와 살찐 비뇨기과 전문의 'meaty urologist[미디 얼로지스트]'의 발음이 거의 동일한 데서 착각 현상이 발생한다.

몬더그린 현상이 반영된 가사 예시

이번엔 당신이 퍼즐을 만드는 사람이며 아이디어를 찾고 있다고 가정해 보자. 몬더그린을 보고 이렇게 생각한다. "의도적으로 잘못된 일련의 단어를 만든 다음 문제를 푸는 사람에게 의도한 말이 무엇인지 알아내도록 하면 어떨까?"

재능 있는 십자 퍼즐 제작자 조엘 파글리아노Joel Fagliano가 바로 이 방법을 사용했다! 2014년 8월 31일 『뉴욕타임스』는 몬더그린으로 가득한 파글리아노의 퍼즐을 게재했다. '영화에서 들은'이라고 이름 붙여진 그 퍼즐은 무작위로 나열한 단어들로 구성되어 있었는데 큰 소리로 말하면 오스카에서 '최우수 작품상'

을 수상한 영화처럼 들렸다.

관리인 털이 많은 작은 구멍 WARDEN HAIRY PEEPHOLE[워딘 헤러리 핍홀]

살다 사나운 이해하다 씻다 DWELL FIERCE SUSS LAVE[드웰 휘어스 사스 레이브]

깡패 이상한 사료 THUG ODD FODDER[써그 어드 퍼더]

혼다 와트 상처 HONDA WATT AFFRONT[혼다 와트 어프론트]

빛나다 황소 입었다 밍크 GLOW BULL WORE MINK[글로우 불 워 밍크]

체리 꼭대기 사파이어 CHERRY OTT over the top at top SAPPHIRE[체리 오티티 사파이어]

발음만 보고 무슨 영화인지 눈치챌 수 있겠는가? 각각 영화 제목 「보통 사람들 Ordianry People[오디너리 피플]」, 「노예 12년 Twelve Years A Slave[트웰브 이얼즈 어 슬래이브]」, 「대부 The God Father[더 갓 파더]」, 「워터프론트 On the Waterfront[온 더 워터프론트]」, 「글로벌 워밍 Global Warming」, 「불의 전차 Chariots of Fire[체리오츠 오브 파이어]」를 몬더그린 한 것이다.

맞출 수 있는지 당신도 한번 해보라. 모두가 이런 말장난이 재밌다고 여기지는 않겠지만 나는 매우 재미있다고 생각했다. 거꾸로 몬더그린을 만드는 것은 재미있는 활동이 될 수 있으며 자신만의 몬더그린을 직접 만들어 볼 수도 있다.

요약

현명한 바보는 문제에 대한 인식을 뒤집으면 평소에 알아차리지 못했던 것들을 볼 수 있다고 말한다. 이것은 깊이 뿌리박힌 가정으로부터 생각을 자유롭게 하는 좋은 방법이다. 현명한 바보는 이렇게 자신에게 질문을 던지라고 권한다. "어떻게 하면 내 관점을 뒤집을 수 있을까? 목표를 뒤집거나 인식을 바꾸려면 어떻게 해야 할까? 목표를 달성하는 데 도움이 될 만한 예상치 못하면서 직관에 반하는 전술에는 어떤 것이 있을까?"

7장.
규칙을 일부러 어겨라

. . .

예술가의 가장 좋은 친구는 제약이다.

— 프랭크 로이드 라이트 Frank Lloyd Wright, 미국 건축가

현명한 바보가 좋아하는 문제를 가지고 노는 방법 하나는 일반적인 규칙과 지침을 벗어나 해결책과 가능성을 찾는 것이다. 한 예를 소개하겠다. 기원전 3세기에 그리스의 도시 밀레투스에서 젊은 여성들이 모방 자살하는 사건이 갑자기 연이어 발생했다. 이 현상을 막기 위해 도시 행정 담당자가 택한 해결책은 무엇일까? 자살한 여성은 누구든지 땅에 묻히기 전에 알몸으로 시장을 돌게 될 것이라고 선포했다. 이런 방법은 그리스인의 종교적

관습과 예의 규범에 위반되는 것 아니냐고 생각할 수 있다. 하지만 고대 역사가 플루타르크Plutarch는 도시의 비전통적 칙령이 자살률을 완전히 낮췄다고 말했다.

이런 접근법의 또 다른 예로 마케도니아 장군 알렉산더의 일화를 들 수 있다. 기원전 333년에 알렉산더와 그의 군대는 페르시아 제국과의 전투를 앞두고 군사 원정 준비를 위해 아시아의 소도시 고르디움에 도착했다. 그곳에 머무는 동안 알렉산더는 마을의 유명한 매듭인 '고르디안 매듭'을 둘러싼 전설에 대해 듣게 된다. 이 이상하고 복잡하게 얽힌 고리와 꼬임을 푸는 사람이 아시아의 왕이 될 운명이라는 예언이 있었다. 알렉산더는 이 이야기에 매료되었고 자신이 풀 수 있도록 매듭을 지어달라고 요청했다. 알렉산더는 매듭을 풀기 위해 골몰했지만, 밧줄 끝을 찾는 데 실패해서 얽힌 타래를 풀 수 없었다. 그는 "어떻게 하면 매듭을 풀 수 있을까? 제약 요인을 가지고 놀면서 매듭을 푸는 나만의 규칙을 만들어야지."라고 자신에게 말했다. 그리고 검을 뽑아 매듭을 반으로 잘랐다. 알렉산더는 아시아의 왕이 될 운명이었다!

나한테는 정말 어려운 문제가 있을 때마다 찾아가는 현명한 바보 친구가 있다. 내 문제를 그 친구에게 설명하고 나면 친구가 던지는 첫 번째 질문은 늘 같다.

어떤 규칙을 어겨볼까?

그 친구는 내가 이미 너무 많은 규칙을 흡수해서 맹목적인 가정을 하고 있다는 사실을 알고 있었다. 이것 때문에 참신한 발상을 떠올리기 어렵다. 생각해 보면 농업, 통신, 디자인, 의학, 예술, 스포츠, 공학, 과학 등 웬만한 분야에서 일어난 발전은 대부분 누군가가 규칙을 가지고 놀고 도전해서 새로운 접근법을 시도했을 때 일어났다.

재즈 가수 빌리 홀리데이는 자신을 보컬리스트가 아닌 재즈 악기 연주자라고 상상함으로써 전통적인 스타일을 버리고 프랭클린 시나트라와 레이 찰스를 포함한 한 세대의 보컬리스트들에게 영향을 미친 박자를 타는 표현 기법을 개척했다. 초기 르네상스 시대 화가 지오토 디 본도네Giotto di Bondone는 원근법을 표현하기 위해 하나의 소실점에서 만나는 수렴선을 사용하고 당시 비잔틴의 평면 그림 형식을 버렸다. 알베르트 아인슈타인은 질량과 에너지를 같은 현상의 다른 형태로 동일시함으로써 뉴턴의 물리학 법칙을 깼다.

물리학자 베라 루빈Vera Rubin은 나선 은하가 어떻게 회전하는지 설명하는 전통적 우주론 개념을 버림으로써 '암흑 물질'의 존재를 알아냈고 천문학의 우주 개념에 혁명을 일으켰다. 고대 그리스 시인 삽포Sappho는 감각적인 사랑 노래로 위대한 서정시를 쓰는 것은 여성의 역량 밖이라는 생각을 불식시켰다.

기업가 일론 머스크는 재사용이 가능하고 단가가 낮은 부스터 로켓을 개발함으로써 유인 우주여행은 국영 기관의 영역에서만 개발 가능하다는 통념에 도전했다. 구소련의 붉은 군대는 '여성은 전투에 참여하지 않는다.'라는 오래된 관습을 깨고 여성 지상군, 저격수, 전투기 조종사 등을 동원해 제2차 세계 대전 당시 독일 국방군에 맞서 전투력을 40퍼센트까지 높였다.

현명한 바보는 문제를 가지고 놀 수 있는 권한을 자신에게 부여하면 다른 접근법을 시도할 수 있다고 생각한다. 이것은 종종 한두 개의 제약을 제거한다는 말이지만 때로는 정반대로 행동하는 것을 의미하기도 한다. 현명한 바보는 문제에 제약을 추가하는 것 역시 동등하게 자유로운 형태의 놀이임을 알고 있다. 사실 제약은 창작 과정에서 강력한 자극제가 될 수 있다. 촉박한 마감일과 적은 예산으로 어려운 문제를 해결하라는 요청을 받아본 적이 있다면, 많은 시간과 예산을 받았을 때보다 훨씬 더 수완을 발휘할 수 있음을 알 것이다. 제약은 우리가 기존 해결책을 뛰어넘어 사고할 수 있게 해주고 제약이 없었다면 찾지 못했을 해결책을 찾게끔 도와준다. 예를 들어 초고층 빌딩은 값싸고 엄청나게 많은 땅을 가진 사람들이 개발한 것이 아니다. "어떻게 하면

이 비싼 땅에 사무실이 아주 많은 공간을 만들 수 있을까?"라는 문제와 씨름하던 건축가, 건설업자, 기술자들이 개발했다.

사진가 엔셀 애덤스Ansel Adams는 1927년 요세미티를 탐험하면서 직면한 장비 부족 문제로 인해 자신만의 사진 스타일을 발견했다. 애덤스가 하프 돔*을 촬영하려고 했을 때, 애덤스는 암막 사진기용 유리판이 하나밖에 없다는 사실을 알게 되었다. '남은 건 이 한 방뿐이다'라는 제약 덕분에 가장 중요한 것은 단순하게 풍경 이미지를 만드는 것이 아니라 풍경이 자신에게 불러일으키는 감정을 전달하고, 이러한 감정을 표현하는 구조를 파악하는 것이라는 깨달음을 얻을 수 있었다. 애덤스는 이 돌파구를 시각화 기술의 탄생이라고 불렀다. 선명한 초점, 높은 대비, 빨간 필터를 사용해서 그 유명한 '모놀리스: 하프 돔의 얼굴'로 불리는 이 사진을 찍었다. 이 작품은 애덤스가 생전에 찍은 여러 인상적인 풍경 사진 가운데 첫 번째 작품이다.

「위대한 레보스키」, 「노인을 위한 나라는 없다」, 「1917」의 촬영감독 로저 디킨스Roger Deakins는 야외에서 촬영할 때 집중도를 높이기 위해 카메라 모니터의 색상을 _끄고_ 흑백으로 설정하는 기법을 활용한다고 말한다. 이런 제약을 둠으로써 디킨스는 풍

---

* 반으로 쪼개진 돔 모양의 바위로 요세미티 국립공원의 유명한 관광지.

경과 형태의 배치에 더 집중할 수 있고 장면을 구상할 때 색상의 영향을 덜 받을 수 있다.

이와 유사한 예시로, 이슬람 예술가들은 코란을 따라야 하므로 사람의 신체와 다른 식별 가능한 생명체의 모습을 작품에 묘사하는 것이 일반적으로 금지되었다. 그 결과 형태에 대한 열정을 자연 세계에서 발견한 기하학적 무늬를 표현하는 데 집중했다. 이슬람 예술가들의 독창성은 14세기 무어인 디자이너들이 벽과 바닥 모자이크에 복잡한 대칭을 만든 스페인의 알카사르와 알람브라 궁전에서 특히 두드러지게 나타난다. 흥미롭게도 7세기 후 물리학자들은 결정의 원자와 분자 무늬를 대칭으로 배열할 수 있는 32가지의 다른 방법이 있음을 확인했으며 이것들은 모두 무어 모자이크로 표현할 수 있었다!

시인이 자유롭게 시를 쓰는 것보다 운율과 운문의 표준 방식을 따라야 하는 소네트를 쓸 때 더 영감을 받는 것도 비슷한 맥락으로 볼 수 있다. 소네트 쓰기를 좋아하는 친구가 한 명 있다. 그 친구는 무작위로 6개의 단어를 고른 다음 1분 안에 이 단어를 강조하는 시를 쓰는 게임을 발명했는데, 제약 조건을 추가하면 이 과정이 더 자극적이고 재밌어짐을 알게 되었다.

작곡가 스티븐 손드하임Stephen Sondheim 역시 제약 조건의 가치에 대해 비슷한 생각을 하고 있다. "당신이 바다에 대한 노래를 써달라고 하면 난감해요. 하지만 새벽 3시에 빨간 드레스를 입은 여자가 술집 의자에서 떨어지는 내용을 발라드로 쓰라고 하면 영감을 받지요." 실제로 프로젝트 초기 단계에서 몇 가지 제약 조건을 추가하는 데 시간을 들인다면 요리, 코딩, 디자인 같은 거의 모든 활동의 결과물을 더 창의적으로 만들 수 있다.

시간 제한을 두는 것 또한 창의력을 높이는 데 도움이 될 수 있다. 내가 진행하는 세미나에서도 이런 현상을 자주 발견했다. 특정한 개방형 문제를 여러 집단에 할당했을 때 아이디어를 내는 시간이 더 적게 걸린 집단이 더 오래 걸린 집단보다(예를 들어 같은 문제를 주고 각각 15분과 25분 뒤에 대답하도록 함) 훨씬 좋고 창의적인 해결책을 내는 경우가 많았다. 시간이 적게 걸린 집단에 속한 사람들은 본론으로 바로 접근하는 경향이 있고, 자기 검열을 덜 했으며, 적절한 양식을 갖추는 데 덜 신경 썼다. 나는 이런 식으로 일하는 걸 좋아한다. 내가 프로젝트를 해야 한다면 나에게 기한을 아주 촉박하게 줄 것이다. 그래야만 핑계 대지 않고 바로 일에 뛰어들 수 있다.

마지막으로 마크 던Mark Dunn의 소설 『엘라 민노우 피Ella Minnow Pea』는 제약이 인간 행동에 미치는 영향을 다룬 흥미로운 작품이다. 이 이야기는 네빈 놀롭이 살았던 가상의 섬 놀롭섬 주민들에 관한 이야기로 놀롭은 유명한 아래 팬그램*의 창시자이다.

날쌘 갈색 여우가 게으른 개를 뛰어넘는다.

The quick brown fox jumps over the lazy dog

놀롭의 사망 이후에 섬 주민들은 존경을 표하는 의미로 놀롭에게 헌정하는 동상을 세우고, 동상 받침대에 여러 개의 타일을 사용해 놀롭의 팬그램 문장을 새겨넣었다. 어느 날 알파벳 'Z' 타일이 기념비에서 떨어졌다. 시의회는 이를 징조로 해석하고 앞으로 문자 Z가 포함된 모든 단어는 구어 및 서면 의사소통에서 금지하겠다고 명령한다. 예를 들어 12개를 나타내는 다스dozen나 지퍼zipper 같은 단어들은 모두 사용할 수 없게 된다. 그다음 떨어진 문자인 Q 역시 사용이 금지되었다.

계속해서 타일이 떨어지면서 사용하지 못하는 문자가 늘어났다. 마을 사람들은 매우 화가 났지만 계속해서 의회의 강압적인 명령을 따른다. 이런 제약 속에서 소통하려는 섬마을 사람들의 노력이 기발하면서도 눈물겹다. 놀롭섬의 문화는 서서히 침식당하고 만다. L, M, N, O, P 이렇게 다섯 글자만 남았을 때 주인공

---

* 영어의 모든 알파벳을 한 번 이상 사용하여 만든 문장을 의미한다. 한글 팬그램으로는 '다람쥐 헌 쳇바퀴에 타고파'라는 문장이 유명한데, 다만 한글 팬그램의 경우 자음(ㄱ~ㅎ)만 모두 사용한 것으로 모음까지 모두 사용한 영문 팬그램과는 다소 차이가 있다.

인 엘라 민노우 피는 자신이 32개 글자로 팬그램 문장을 만들면 문자 사용 금지법을 폐지하기로 시의회와 거래를 한다. 마감 몇 시간 전에 엘라는 아버지가 준 보관 지침 가운데 몇 가지를 기억해 낸다.

상자에 술병 다섯 다스를 채워두어라.

Pack my box with five dozen liquor jugs

빙고! 민노우 피는 해결책을 찾았고, 최고 의회는 26개의 문자를 다시 사용할 수 있도록 허가한다.

요약

현명한 바보는 규칙을 유연하게 적용해 문제를 해결한다. 자신에게 물어보자. "어떤 규칙에 의문을 제기할 수 있을까? 어떤 규칙을 무시할 수 있을까?" 문제에 제약을 추가하는 것 역시 우리 사고를 자극한다. "현재 가지고 있는 문제에 어떤 제약을 추가할 수 있을까? 제약을 추가함으로써 내가 얻을 수 있는 대안은 무엇일까?"

8장.
'만약에' 효과

• • •

이 유별난 것이 사실이라면 그 밖의 어떤 것이 또 사실일까?

— 업라이트 시티즌 브리게이드Upright Citizens Brigade,

미국의 즉흥 코미디 극단

위의 인용문은 코미디언 에이미 포엘러Amy Poehler가 1990년 창단한 인기 즉흥 코미디 극단인 업라이트 시티즌 브리게이드의 신조다. 이 말은 특이하고 변칙적인 발상을 다룰 때 긍정적이고 건설적인 태도를 보이는 것이 중요함을 강조한다. 즉흥 연기자들 사이의 연기는 이와 같은 관점을 암묵적으로 내포한다.

"네, 그리고….'

이런 관점이 필수적인 이유는 즉흥극을 하는 상대방이 아무리 이상한 공연을 하더라도 서로의 아이디어를 거부하기보다는 더 내용을 덧붙여 나가야 하기 때문이다. 예를 들어 어떤 장면을 만들기 위해 연기하는 두 명의 즉흥 연기 배우가 있다고 치자.

출연자 1: "우와! 브리지 클럽bridge club에서 정말 바쁜 오후를 보냈어."

출연자 2: "그렇구나. 근데 너 바짓단 사이에 못이 걸렸어."

출연자 1: (바짓가랑이를 흔든다.) "응, 이 다리는 그랜드 캐니언을 가로질러 쭉 뻗어나갈 거야. 걸어서 한 시간이면 끝에서 끝으로 이동할 수 있어."

출연자 2: (현장에서 달리기를 시작한다.) "한 시간? 훈련 시작해야겠다. 15분 안에 내가 제일 먼저 건널 거야."

지금 여기서 무슨 일이 벌어지고 있는가? 출연자 2는 다리를 만드는 건설 근로자라는 상황을 만들기 위해 '브리지bridge (다리)'라는 단어를 모호하게 표현했다. 만약 출연자 1이 "아니, 그렇지 않아. 난 카드 얘기를 한 거라고."라고 대답했다면 그녀는 이 장면을 망쳤을 것이다.[출연자 1이 말한 브리지 클럽은 '브리지'라는 카드 게임을 하는 클럽을 의미하기 때문] 하지만 그렇게 말하는 대신 상대방이 한 말을 바탕으로 흥미진진한 애드리브를 시작했다.

유머는 종종 이런 원리를 사용한다. 지크문트 프로이트는 만화에 대한 자신의 수필에서 루이 14세 궁정에 있던 후작 이야기를 들려준다. 후작이 어느 날 아내의 침실에 들어갔는데 마침 아내는 주교의 품에 안겨있었다. 이를 본 후작은 창가로 걸어가서 거리에 모인 사람들에게 축복하는 동작을 취했다. "왜 그런 행동을 하는 거예요?" 화가 난 후작의 아내가 물었다. "주교가 나 대신 내 역할을 하고 있잖아. 그래서 내가 대신 주교 역할을 하는 거야."

어떻게 된 일이냐고? 후작은 검을 빼 들어 간통한 죄로 아내와 주교를 베는 대신 그 상황을 기반으로 자신이 뭔가 할 수 있는 방안을 생각해냈다. 후작은 속으로 이렇게 생각했다. '이례적이긴 하지만 오늘은 역할 전환의 날이야!'

즉흥 연기 배우나 유머 작가처럼 이상한 생각을 하거나 들을 때 현명한 바보가 보이는 첫 반응은 "그래, 그거 재밌네…. 그게 내 생각을 어디로 이끌까?"라고 말하는 것이다. 이상하다는 이유로 그 생각을 무시하기보다 그 아이디어가 의미 있을 수 있는 맥락을 찾으려고 노력하며 거기서부터 생각을 쌓아나간다.

현명한 바보는 또한 이상하고 재미있는 가상의 상황을 제안한 다음 그 의미를 상상하길 좋아한다. 다시 말해 "만약에?"라고 질문을 한 다음 대답한다. 만약 양손에 각각 일곱 개의 손가락을 가지고 있다면? 요일을 따서 손가락에 이름을 붙일 수 있고 누군가가 당신이 좋아하지 않는 일을 하면 '수요일' 손가락을 뒤집어 보여줄 수 있다. 마주 댈 수 있는 엄지손가락을 여러 개 가지고 있고, 물건을 더 잘 잡을 수도 있다. 스포츠를 훨씬 더 잘하게 될까? 어떤 종류의 피아노 음악을 작곡하게 될까? 훨씬 더 복잡한 화음이 나오게 될까?

인공 지능 학습 도구를 사용해서 동물들의 언어를 해독할 수 있다면 어떨까? 개가 짖는 소리를 동물 언어 해독 프로그램에 입력하고 개들이 우리에게 하는 말을 잘 이해할 수 있도록 더 좋은 방안을 개발할 수 있다. 같은 아이디어를 돌고래의 '휘파람'과 '딸깍' 소리에도 적용해 볼 수 있다. 그러면 돌고래들 사이에 퍼지는 소문으로부터 지역 해양 상태에 대한 정보를 얻거나 날씨 변화를 예측할 수도 있다. 선물 투자자도 이를 요긴하게 사용할 것이다.

대부분 다른 액체처럼 물 역시 어는점에 도달했을 때 부피가 늘어나지 않고 줄어든다면 어떻게 될까? 한겨울에 물이 도로와 보도 표면의 갈라진 틈으로 들어가도 도로와 보도가 잘 손상되지 않을 것이다. 또 얼음이 바다 밑바닥으로 가라앉아 극지방의 만년설이 크게 줄어들 것이다. 해상 항로를 항해하기 더 쉬워서 극지방 운송 경로를 더 많이 사용하게 될 것이고 그렇게 되면 아시아와 유럽 사이의 배송 시간이 크게 단축된다.

'만약'이라는 질문을 많이 하는 것은 친숙한 물건이나 생각이 다른 맥락에 놓이면 어떻게 될지 상상하는 활동을 포함한다. 예를 들어 굴을 보고 음식을 생각한 첫 번째 사람을 떠올려 보자. 양 창자를 보고 기타 줄을, 배 돛을 보고 풍차를, 세균 곰팡이를 보고 항생제를, 포장된 베이킹소다를 보고 탈취제를 고안해 낸 첫 번째 사람을 생각해 보라.

요약

현명한 바보는 어떤 것이 조금 독특해 보인다면 그 독특한 것을 다른 가능성을 만들어 낼 기회로 삼으라고 말한다. 상상력을 풍부하게 하는 '만약에 말이야'란 질문을 할 만한 것이 뭐가 있을까? 이 질문들은 당신의 사고를 어디로 이끌까?

9장.
모호함을 즐겨라

• • •

모호함이 클수록 즐거움도 커진다.

— 밀란 쿤데라, 체코 작가

다음 문장(농담 두 가지, 컨트리 음악 가사, 매트리스 회사 광고 문구)이 가진 공통점은 무엇일까?

- "공이 왜 계속 커지는지 궁금했는데, 그 공에 맞았어요Then it hit me."

- "유리관이 성공할 거라고 생각하세요? 한번 지켜보죠Remains to be seen."

- "당신 몸이 정말 아름다웠다고 말한다면, 그 상태를 유지해 줄래?Would you hold it against me?"

- "당신의 휴식을 위해For the rest of your life."

위 문장들은 모두 모호하다. 각 문장이 하나 이상의 의미로 해석될 수 있는 단어나 구로 되어있다. 첫 번째 농담에서 "It hit me."는 공에 맞았다[hit를 '때리다'로 해석]는 의미와 "아하!" 하고 깨달음을 얻는[hit를 '떠오르다'로 해석해서 전체 문장을 "좋은 생각이 떠올랐어요."로 해석] 순간을 나타내는 의미 두 가지 모두로 해석할 수 있다. 두 번째 문장의 "한번 지켜보죠."는 어떻게 될지 지켜보자는 불확실성remains to be seen을 담은 의미와 유리관이 투명하게 보이는지 보자seen라는 유리관의 특징을 나타내는 말 두 가지로 해석이 가능하다. 벨라미 브라더스Bellamy Brothers의 노래 가사인 세 번째 문장은 제안["유지해 줄래?"로 해석]과 불만["나쁘게 대할 거야?", "원망할 거야?"로 해석]을 모두 암시한다. 매트리스 광고에서 나온 "당신의 휴식을 위해"는 매트리스가 편안하다는 의미를 보여줄 수도 있고 내구성이 뛰어난 제품임을 보여주기도 한다[rest를 '남은'으로 해석해서 "남은 평생"이라는 의미로 해석].

‘평생for the rest of your life’은 편안함과 내구성이 뛰어난 제품임을 모두 보여준다. 각각의 문장이 모호하다고 생각했는데 또다른 의미를 깨닫고 나면 “야호!”보너스를 받는 것과 같다.

현명한 바보는 우리가 일상생활의 많은 부분에서 ‘익숙함의 포로’라고 생각한다. 특정한 방식으로 같은 일을 자주 하면 할수록 다른 방식으로 일하는 방법을 생각해 내기 어렵다는 의미이다. 제한되고 특정한 맥락에서만 사물을 생각하는 데 익숙해진다. 이런 감옥을 탈출하기 위해 현명한 바보는 ‘모호한 관점’을 채택해 사물과 단어, 상황을 보는 것을 즐거워하며 그것들을 어떻게 해석할 수 있을지 궁금해한다. 실제로 현명한 바보는 모호함은 우리의 친구며 우리가 모호함을 찾을 수 있는 곳이면 어디서나 특히 평범한 일상생활에서도 새로운 가능성을 발견해 왔다고 말한다.

개인적인 예를 들어보겠다. 얼마 전 마취가 필요한 작은 수술을 받았다. 수술할 때까지 가능한 한 편안하고 즐거운 마음을 유지하는 것이 내 목표였다. 수술 전 병실에서 수간호사가 여러 가지 질문을 던졌다. 그중 일부는 수술 후에 내 정신 상태가 멀쩡한지 판단할 수 있는 기준선을 설정하기 위해 던지는 질문이었다. 수간호사가 나에게 ‘세계WORLD’ 단어의 철자를 천천히 말해 달라고 요청했다. 나는 이렇게 대답했다.

W-H-I-R-L-E-D

그녀는 마치 나사 하나 빠진 사람을 보듯 재밌다는 듯 나를 쳐다보더니 "어?"라고 말했다. 그리고 다시 한번 이야기해 달라고 요청했다. 조금 전과 같은 방식으로 한 번 더 이야기한 뒤 수간호사에게 내가 말하는 단어를 적어달라고 요청했다. 그러자 그녀는 웃음을 터뜨렸다. 간호사로 오랫동안 일하면서 그런 짓을 한 사람은 처음이었을 것이다!

어떻게 하면 모호한 관점으로 세상을 볼 수 있을까? 쉽다. 무언가를 생각할 때 가장 먼저 나타나는 반응을 무시하고 그것이 의미가 될 수 있는 다른 상황들을 상상해 보라. 이를 테면 물고기에서 비린내가 나지 않도록 막을 수 있을까? 즉시 생각나는 한 가지 해결책은 물고기를 잡자마자 요리하는 것이다. 그 밖에 얼리거나, 종이에 싸거나, 물에 그대로 넣어두거나, 닭고기로 바꾸거나, 주변에 고양이를 놔두거나, 향을 피우거나, 퉁명스럽게 대답하는[cut nose off는 '코를 잘라버린다'라는 뜻 역시 가지고 있다.] 방법이 있다.

'퉁명스럽게 대답한다'라는 마지막 방법은 냄새라는 단어를 다른 의미로 재미있게 해석한 것이다. 이런 영리함은 모호한 관점을 채택하고 그 문제의 다른 해석 방식을 발견한 결과이다.

또 다른 예로 위의 그림을 살펴보자. 무엇이 보이는가? 어떻게 보면 새처럼 보이고 다른 방식으로 보면 물음표가 보인다. 뒤집어서 보면 물개가 코 위에서 공을 저글링 하는 것처럼 보인다. 또 무엇이 보일까?

추리 소설은 인기 있는 문학 장르다. 왜 그럴까? 아마도 저자가 긴장감을 조성하고 불확실성을 유지하기 위해 모호한 단서, 징후, 부분 줄거리, 동기를 사용하기 때문이다. 독자는 이야기가 진행됨에 따라 가설을 하나씩 만들고 풀어가는 사실상 능동적인 문제 해결사가 된다.

모호하게 생각하는 것은 수수께끼와 퍼즐을 풀 때도 유용한 전략이다. 일반적으로 수수께끼를 풀거나 퍼즐을 맞추려면 명확한 '첫 번째 정답'을 넘어서서 여전히 이치에 맞는 다른 문맥을 상상해야 한다. 내 경험에 비추어 볼 때 단어의 단서에 내재된 여러 가지 의미들을 이해하지 않고는 중간 단계 이상의 십자 퍼즐을 풀기 어렵다. 다음은 이를 보여주는 몇 가지 십자 퍼즐 단서이다.

'생각이 모자라는 근무자Light-head workers'는 금요일 오후 사무실 파티에 참석한 직원을 지칭하거나 혹은 광부를 지칭한다.*

'먼 곳Remote spots'은 타히티섬 아프리카 팀북투 같은 아주 먼 곳을 의미하거나, 소파Sofas를 의미한다.**

'약속을 어기다Break one's word'는 거래를 철회한다는 의미일 수도 있고 혹은 하이픈(-)를 의미하기도 한다.***

'레몬 과수원Lemon grove'은 감귤류를 재배하는 과수원을 뜻하거

* light는 빛, 가벼운 등의 의미를 지닌다. 따라서 머리가 가벼운, 즉 생각이 모자란 사람을 의미할 수 있으며, 머리에 전등을 달고 일하는 광부를 의미하기도 한다.
** 소파와 동음이의어인 so far[소우 파]는 '매우 먼'이라는 뜻을 지닌다.
*** 두 단어(words)를 잘라주는(break) 의미로 단어 사이에 넣는 하이픈을 의미하기도 한다.

나 중고차 시장을 의미한다.*

　이런 종류의 문제를 풀 때 "이게 말이 되는 다른 상황들을 계속 생각해 봐."라고 귓속말하는 현명한 바보가 있다면 도움이 된다.

　역사상 가장 유명한 모호한 진술이 있었던 곳은 고대 그리스 델포이에 있는 신탁이었다. 사람들은 자신의 문제를 신선한 방식으로 바라보길 원했고 신탁의 예언이 상상력을 자극할 것이라고 믿었기 때문에 예언자에게 조언을 청했다. 요령이 있는 사람들은 예언의 다른 의미를 분별하기 위해 모호하게 생각해야 할 필요가 있음을 알고 있었다. 하지만 이 사실을 깨닫지 못한 사람들은 그다지 현명하게 대처하지 못했다. 각각의 예를 한번 살펴보자.

　기원전 546년에 현재 터키 땅인 리디아 제국의 마지막 왕 크로이소스Croesus는 적국 페르시아를 다루는 방법에 대해 신탁을 전하는 사제와 상의했다. 사제는 이렇게 예언했다.

페르시아를 공격하면 대제국은 멸망할 것이다.

---

* 　레몬(lemon)에는 '결함이 있는 차'라는 의미도 있다.

크로이소스는 이 예언을 격려의 신호로 받아들였고 페르시아 제국을 완전히 쓸어버릴 생각으로 페르시아 왕 키루스와 전투를 벌였다. 하지만 크로이소스는 완전히 패배했고 자신의 제국을 잃어버렸다. 크로이소스의 죽음은 우리가 첫 번째 답에서 멈췄을 때 발생할 수 있는 결과를 잘 보여준다. 특히 그 답이 우리가 원했던 답이라면 더욱 그렇다. 크로이소스는 다른 의미를 찾을 수 있게 도와줄 현명한 바보가 있어야 했다!

그로부터 몇 세대 뒤인 기원전 480년에 더 유명한 예언이 나온다. 키루스의 손자 크세르크세스가 이끄는 페르시아군은 그리스를 침공해서 국토의 3분의 2를 정복했다. 이에 아테네 장로들은 예언을 받기 위해 델포이에 청원을 넣었고 다음과 같은 예언을 받았다.

나무 벽이 당신과 아이들을 구할 것이다.

처음에는 이 신탁의 내용이 무엇을 의미하는지 누구도 확신하지 못했다. 누군가 아크로폴리스에 나무 벽을 쌓고 그 가짜 벽 뒤에 방어선을 구축해야 한다고 제안했다. 하지만 아테네의 장로들은 신탁이 의도적으로 모호하게 예언을 해 첫 번째 답을 넘어서게 하려는 것을 알고 있었다. 그래서 예언의 말을 문자 그대로의 의미와 은유적 의미 이 모든 맥락에서 고려하려고 노력했다.

조금 더 고민한 끝에 또 다른 생각이 떠올랐다. 신탁에서 말한 '나무 벽'이 아테네에 나란히 늘어서 있는 목조 선박을 말한 건 아닐까? 멀리서 보면 배들은 정말로 나무 벽처럼 보인다. 장로들은 육상 전투가 아닌 해군 전투를 치러야 한다고 결정했다. 살라미스 해전에서 아테네군이 페르시아군을 격파한 사실을 보면 확실히 좋은 결정이었다. 신탁이 모호했기 때문에 아테네인들은 자신의 직관과 지혜를 활용해 여러 대안을 고려할 수 있었다.

모호함을 극적 장치로써 사용한 사례 가운데 나는 로드 설링Rod Serling이 만든 인기 TV 시리즈 「환상특급」의 에피소드 'To Serve Man'을 제일 좋아한다. 이 회차는 외계 종족인 카나미트가 인간에게 평화와 번영을 약속하며 지구에 오는 내용을 담고 있다. 처음에는 세계 지도자들이 카나미트족의 동기를 의심하며 경계했다. 하지만 암호 해독자들이 고생 끝에 카나미트족이 가지고 있던 안내 책자 제목 To serve man을 '사람을 섬기는 법'으로 번역한 이후 전 세계 지도자들은 수용적인 태도를 보였다. 자비로운 카나미트족의 의도는 곧 행동으로 나타난다. 그들은 인간에게 무한한 에너지와 풍부한 농작물을 만들 수 있는 기술을 알려주고 전쟁을 방지하는 방어력 장도 제공한다. 온 세계에 평화가 찾아오고 카나미트족은 자신들의 고향이 이국적이면서 아름답다고 인간들에게 설명하며 자기들의 행성으로 사람들을 초대한다. 암호 해독자 중 한 명이 이 선의의 여행에 자원해서 참여한다. 그 자원자가 우주선으로 탑승하고 있을 때 동료 중 한 명이 급하게 통로로 뛰어 올라온다. 달려온 동료는 그 안내 책자 본문의 몇 단락을 번역할 수 있었고 놀라운 사실을 알게 되었다. 그녀는 카나미트족 행성 여행에 자원한 동료에게 "그 우주선에 타지 마! 그 책의 나머지 부분… 그 책, 그… 그거 요리책이야!" 그녀는 이 안내서가 인류에게 좋은 점을 제공하기 위한 지침서가 아니라 인간을 적절히 요리하는 법*에 대한 지침서라는 것을 뒤늦게 알아차렸다.

요약

현명한 바보는 더 창의적으로 사고하는 좋은 방법은 세상에

---

* 카나미트족이 사용한 To serve Man은 사실, '사람을 음식으로 서빙하는 법'이라는 의미였다.

서 모호함을 찾는 것이라고 말한다. 단순히 무언가를 보더라도 그것이 이해될 수 있는 다른 상황을 상상한다.

조언: 누군가에게 창의적인 방법으로 해결할 가능성이 있는 문제를 낼 때 문제를 푸는 사람의 상상력을 제한하지 않도록 모호한 방식으로 문제를 낼 수 있다.

10장.
분명하게 보라

• • •

이미 당신 목에 걸려있는 다이아몬드 목걸이를 찾기 위해

이 방 저 방을 돌아다닌다.

— 잘랄 웃 딘 루미Jalai ad-Din Rumi, 페르시아 시인

한 젊은 육군 사관후보생이 장교 후보생 심사에서 집요하게 질문을 받고 있었다. "장교가 군인으로 명예롭게 장례식을 치르려면 어떻게 해야 하나?"라고 훈장 여러 개를 단 장군이 말했다. 그 생도는 몇 분 동안 곰곰이 생각하더니 이렇게 대답했다. "죽어야 합니다."

『무한한 흥미』의 저자 데이비드 포스터 월리스David Foster

Wallace는 2005년 케이언 대학 졸업식에서 반대 방향으로 헤엄쳐 가는 나이 든 물고기를 마주친 두 마리의 어린 물고기 이야기를 들려준다. 나이 많은 물고기가 고개를 끄덕이며 어린 물고기들에게 인사를 건넨다. "얘들아, 잘 있었지? 물이 어떠니?" 어린 물고기 두 마리는 잠깐 말없이 헤엄쳤다. 결국 물고기 한 마리가 다른 물고기를 보며 묻는다. "도대체 물이란 게 뭐야?" 월리스는 진정한 교육이란 단지 지식 획득이 아니라 무엇이 실질적이고 본질적인지 깨닫는 것이라고 강조했다. 이런 것들은 종종 우리 주변의 잘 보이는 곳에 숨겨져 있다. 월리스는 우리가 계속해서 자신에게 "이게 물이야, 이게 물이야."라고 상기시켜야 한다고 말했다.

많은 현명한 바보가 이 생각에 동의할 것이다. 때때로 가장 유용한 아이디어가 바로 우리 눈앞에 있거나 잘 보이는 곳에 숨겨져 있지만 우리는 그것을 알아채지 못한다. 유용하게 문제를 해결하려면 우리가 가진 명백한 자원을 알아차려야 하지만 모두에게 쉬운 일은 아니다.

예를 들어 1860년대와 1870년대 자전거 발달 과정을 연구해 보면 자전거의 앞뒤 바퀴가 거의 같은 크기였다는 사실을 알 수 있다. 하지만 시간이 지나면서 앞바퀴는 점점 커지고 뒷바퀴는 작아졌다. 페달을 앞바퀴에 직접 부착했기 때문이다. 자전거에는 변속 시스템이 없었기 때문에 더 빨리 달릴 수 있는 유일한 방법은 앞바퀴를 크게 만드는 것이었다. 이러한 추세의 정점을 보여주는 모델이 바로 앞바퀴 지름이 1.5미터나 되는 '페니파싱Penny farthing' 자전거였다. 이 자전거는 바퀴가 작은 자전거보다 승차감이 훨씬 부드러웠지만, 더 위험했다. 당시 자전거를 타는 사람들은 앞으로 고꾸라지는 사고를 흔히 겪었다.

특이한 사항은 더 좋고 안전한 자전거를 만들 해결책을 바로 자전거 디자이너들이 알고 있었다는 사실이다. 자전거 자체는 구동계 기술을 사용하여 제조되었다. 마침내 누군가 확실한 연관성을 찾아내서 "구동계를 사용해서 뒷바퀴에 동력을 공급하면 어떨까요?"라고 물었다. 그로부터 몇 년 안에 더 안전한 그 모델이 페니파싱 모델을 완전하게 대체했다. 기억해라. 우리가 너무나 당연하게 여기는 것들은 계속해서 우리의 관심을 받지 못한다. 저명한 인공지능 과학자 필립 딩라Philip Dhingra가 말했다.

**어리석은 쥐들은 고양이 귀에 숨지만
현명한 고양이라면 그곳을 보려고 생각할 것이다.**

분명한 정보를 찾기 위한 좋은(그리고 아마도 확실한) 전략은 문제나 상황에서 한 발짝 물러나서 다음과 같이 자문하는 것이다.

"여기서 가장 분명하다고 말할 수 있는 자원은 뭐지? 세부 사항을 생략하고 기본 사항을 확인하는 데 도움이 되려면 어떤 창의적인 질문을 할 수 있을까?"

또 다른 기술은 그 문제나 상황에 대해 전혀 모르는 사람에게 당신의 문제를 설명하는 것이다. 이것은 명백한 양상이 눈에 잘 띄게 하는 데 도움이 된다. 수줍어하거나 쉽게 당황하는 사람이라면 당신의 문제를 상상의 친구에게 설명하라. 제대로 판단하려면 배관, 항생제, 빠른 통신수단, 긴 인간 수명 등 우리가 당연하게 여기는 내용에 대해 아무것도 모르는 석기 시대 사람들에게 설명해 보라.

분명한 것을 추구할 때 기억해야 할 또 다른 중요한 사실이 있는데 다음 이야기에서 그 점을 강조하려고 한다. 셜록 홈스와 친구 왓슨이 캠핑을 하러 갔다. 그들은 별 아래에 텐트를 치고 잠이 들었다. 한밤중에 홈스가 잠에서 깨어나 소리쳤다. "왓슨, 일어나서 자네 추론 좀 말해보게." 왓슨은 눈을 뜨고 이렇게 말했다. "하늘에 수십억 개의 별이 보여. 이 많은 별 가운데 일부는 행성계를 가지고 있겠지. 게다가 이 행성 중 일부에는 아마 산소가 있어서 몇 개 행성에는 생명체가 발달했을 가능성이 있어. 너는 어떻게 생각해?" 그러자 홈스가 대답했다. "아니, 이 바보야. 누가 우리 텐트를 훔쳐 갔어!" 이 농담의 요점은 때때로 가장 중요하고 명백한 것을 눈앞에 두고도 보지 못할 때가 있다는 점이다. 우리가 지략을 갖추려면 분명히 존재하지 않거나 일어나지 않은 일에도 주목해야 한다.[*]

이 요점은 챔피언 경주마의 실종을 다룬 셜록 홈스의 단편 『실버 블레이즈』에서도 나온다. 수사를 하던 한 형사가 홈스에게 물었다. "주의를 끌 만한 점이 있습니까?" "한밤중에 개가 있었다는 게 흥미롭네요."라고 홈스가 대답했다. "그 개는 밤에 아무 짓도 하지 않았어요."라고 형사가 대답했다. "그게 이상하다는 겁니다. 개가 짖지 않았으니까요."라고 홈스가 말했다. 적어도 우리의 가상 탐정은 종종 가장 중요한 일은 드러나지 않는다는 사실을 알고 있었다. 이 사건에서 개가 짖지 않았다는 사실은 범인이 개가 이미 알고 있는 사람일 가능성이 크다는 단서를 제공했고 그로 인해 용의자의 범위를 상당히 좁힐 수 있었다.

20세기 중반 미국으로 망명한 헝가리 수학자 아브라함 왈드 Abraham Wald는 눈앞에 보이지 않는 부분을 알아차린 사람을 예로 들 때 자주 인용된다. 왈드가 현명한 바보 전략을 적용한 상황은

---

[*] 존재하지 않는 것을 다루는 매력적인 예가 있다. 공간과 공간 구성의 속성을 연구하는 수학자인 위상학자들은 매듭을 탐색하는 것을 즐긴다. 더 잘 이해하기 위해 매듭이 차지하지 않는 공간도 연구한다. 위상학자들은 그곳을 '매듭이 없는 공간'이라고 부른다.

이렇다. 제2차 세계 대전 당시 많은 영국 공군 전투기가 독일군의 공중 공격으로 인해 기지로 돌아오지 못했다. 전투기를 보강할 가능성을 파악하기 위해 전담반이 구성되었다. 어느 부분에 보강이 필요한지가 가장 중요한 문제였다. 보강해야 할 부분을 조사하기 위해 검사관들은 살아 돌아온 전투기의 탄환 구멍 위치를 연구했고 다음과 같은 일정한 패턴을 발견했다. 공격을 가장 많이 받은 부분은 동체와 동체에 인접한 날개 부분이었고 비행기 엔진과 그 주변에는 상대적으로 총알 구멍이 적은 편이었다. 총알 구멍이 가장 조밀한 동체와 인접한 날개 부분에 보강을 더 많이 해야 한다는 제안이 가장 먼저 통과되었다.

왈드는 총알 구멍 데이터 분석팀의 통계학자였다. 현명한 바보처럼 사고하면서 왈도는 이렇게 생각했다. "명확하게 보이진 않지만 여기서 우리가 살펴봐야 할 분명한 점은 과연 무엇일까?" 돌아온 비행기를 볼 때 공중 공격으로 인해 총구멍이 난 곳뿐만 아니라 전투기의 모든 부분에 똑같이 타격을 가했다는 점을 고려해야 하지 않을까?" 그는 더 나아가 "엔진 부분에 총알 구멍이 많은 비행기는 왜 보지 못했을까? 아마도 그 비행기들은 돌아오지 못했기 때문에, 다시 말해 격추되었기 때문이다. 그러니 그 부분이 가장 취약한 부분일 것이다."라고 생각했다. 왈드의 팀은 많은 공격을 당해도 살아남을 수 있다고 입증된 부분인

동체와 인근 날개 부분이 아니라 엔진을 중심으로 전투기 보강 작업을 해야 한다고 권고했다.

작가 조지 오웰은 "눈앞에 있는 것을 보는 것은 끊임없는 투쟁"이라고 말했다.* 오웰이 동시대 영국 시인인 제임스 리브스 **James Reeves**가 쓴 이 구절을 읽으면 미소를 지으며 고개를 끄덕거렸을 것이다.

> 왕이 더블유(W)와 발음이 비슷한 글자를 찾기 위해
> 현인들을 모두 불러 모았다.
> 현인들이 오랫동안 열심히 생각했지만
> 단 하나의 운율도 떠오르지 않았다.
> 그러자 왕이 이렇게 말했다. "번거롭게 해서 미안합니다."
> ['번거롭게 해서'의 영문 '투 트러블 유to trouble you'와 더블유의 발음이 비슷하다는 이야기를 통해 가까이 있는 것을 보지 못하는 사례를 잘 보여줌.]

---

* 나도 뻔한 것을 놓친 경험이 있다. 나와 수영을 같이 하는 친구가 최근 47살이 되었다. 그 친구의 생일을 축하하려고 나는 다음과 같이 숫자 '47'을 강조하는 퀴즈를 만들었다. 주기율표 47번째 원소는? (은), 제47회 아카데미 '최우수 작품상'을 받은 영화는? (대부 2), 미연방에 47번째로 가입한 주는? (뉴멕시코), 백 미터 자유형에서 처음으로 47초 미만의 기록을 세운 선수는? (세자르 시엘루(Gesar Cielo)), 47회 슈퍼볼 우승팀은? (볼티모어 레이븐스(Baltimore ravens)), 47번째 소수는? (211) 분명한데 잊어버린 문제가 하나 있었다. 1년 중 47번째 날에 태어난 가장 좋아하는 수영 친구는? (나, 2월 16일생) 하하하!

요약

현명한 바보는 분명한 것을 보라고 말한다. "이 상황에서 내가 무엇을 간과하고 있을까? 한발 물러서서 있으면 어떤 분명한 것이 보일까?"라고 자문해 보라. 현명한 바보는 또한 관점을 바꿔 이렇게 질문하라고 권장한다. "이 개념을 보면 분명 무슨 일이 생겨야 하는데 왜 아무 일도 안 생길까? 이유가 뭐지? 분명히 있어야 하는데 없는 것은 무엇일까?"

11장.
망각을 이용하라

· · ·

"성공하는 데 '망각'은 기억력만큼이나 중요하다."

― 헨리 밀러Henry Miller, 미국 소설가

현명한 바보는 지식은 훌륭하지만 적절한 시기에 알고 있는 내용을 잊어버리는 것 또한 새로운 시각을 얻는 데 중요한 기술이라고 생각한다. 다음 이야기는 이를 잘 설명하고 있다.

한 선생님이 자신의 집에 학생을 초대했다. 잠시 이야기를 나누고 차를 마실 시간이 되었다. 선생님이 학생의 찻잔에 차를 따라주었다. 잔이 가득 찼는데도 선생님은 계속해서 잔에 차를 부었고 차가 바닥으로 흘러내렸다. 그러자 학생이 "선생님, 그만

따라주세요. 찻잔이 넘쳐서 더는 차가 들어가지 않아요."라고 말했다. 그러자 선생님이 이렇게 대답했다. "너도 마찬가지란다. 새로운 생각을 하려면 먼저 마음의 잔을 비워야 해."

교훈: 망각이라는 능력이 없다면 우리 머릿속은 이미 만들어진 가정으로 어수선해서 새로운 생각으로 이어지는 질문을 하지 못한다.

내가 좋아하는 워크숍 활동 중 하나는 종이비행기 만들기이다. 참가자들을 여러 팀으로 나누고 각 팀에 색종이를 50장씩 나누어 준다. 강의실 뒤쪽에 선을 그린 뒤, 5분의 시간을 주고 뒤에 그은 선 뒤로 비행기를 날리라고 시킨다. 가장 많은 비행기를 날리면 우승팀이 된다. 대부분 참가자가 사용하는 일반적인 접근법은 종이를 전통적인 종이비행기로 접어서 날리는 방법이다. 하지만 우승한 팀의 종이비행기 디자인을 살펴보면 종이 한 장을 공 모양으로 구긴 모양이다. 이렇게 구겨진 종이 뭉치는 항상 선을 넘어 날아가는데 이것이 바로 이 활동에서 충족되어야 하는 유일한 기준이다. 이 방법을 알고 나면 진 팀들은 종이비행기의 생김새에 대한 기존 사고방식이 새로운 사고를 하지 못하게 만들었다는 사실을 바로 깨닫는다. 이긴 팀도 처음에는 비슷하게 생각했지만, 그냥 편하게 그 사실을 내려놓는다.[*]

이와 비슷한 예로 탐험가 크리스토퍼 콜럼버스가 스페인 신하들에게 달걀을 책상 위에 세워보라고 했다는 이야기를 들 수 있다. 신하들이 열심히 달걀을 세워보려고 노력했지만, 실패했다. 그러자 콜럼버스가 달걀 하나를 삶아서 한쪽 끝을 눌러 납작하게 만든 뒤 책상 위에 세웠다. "그렇게 하면 누구나 다 하죠." 라고 신하들이 항의했다. "무슨 소리예요. 당신들도 그렇게 했으면 됐을 텐데, 필요 이상으로 지나치게 가정한 거죠."라고 답했다. 가정을 버리게 만드는 한 가지 방법은 사람들에게 간접적으로 문제를 제기하는 것이다. 유명한 건축가 아서 에릭슨Arthur Erickson이 동료들과 학생들의 상상력을 자극하기 위해 주로 사용하는 기술이다. 다음은 에릭슨의 수업 방식이다.

---

* 실제로 이 활동과 비슷한 일이 있었다. 1959년 영국 기업가 헨리 크레머(Henry Kremer)는 1.6킬로미터 길이의 8자형 코스 위에 지상 10피트 상공으로 날 수 있는 유인동력 항공기를 만드는 사람에게 5만 파운드의 상금을 수여하기로 했다. 이후 18년 동안 영국에서 수십 명의 재능 있는 팀이 유인동력 항공기를 만들었지만, 목표를 이루지 못하다가 1977년이 되어서야 미국인 엔지니어 폴 맥크레디(Paul MacCready)가 이끄는 팀이 그 상금을 받았다. 우승작인 고사르 콘도르(Gossamer Condor)는 볼품 없었다. 행글라이딩 스포츠에서 영감을 얻은 맥크레디의 유인동력 비행기는 날개가 아주 거대했다. 맥크레디가 폴 치오티 기자와 공유한 관찰 내용을 바꿔 말하면 "유인동력 항공기가 비행기처럼 보여야 한다는 영국 팀의 고집은 처음부터 그들의 노력을 파멸로 이끌었다. 목표는 우아한 유인동력 항공기를 만드는 것이 아니었다. 비행기가 어떻게 생겼든 간에 상을 타는 것이 목표였다. 영국 팀들은 이런 개념적 도약을 할 수 없는 것처럼 보였다. 우리 팀을 이기게 해준 단순한 디자인을 즉시 폐기하게 만드는 정신적 맹목성을 영국 팀은 가지고 있었고, 우리 팀은 가지고 있지 않았기에 승리할 수 있었다."와 같다.

빈 종이에 움직이는 자신의 모습을 스케치한다. 그림을 다 그리고 난 뒤 그 자세를 지지해 주는 플라스틱, 나무, 종이, 금속 등으로 만든 장치를 제공한다.

연습이 끝날 무렵 에릭슨은 학생들에게 그들이 가구를 디자인하고 있다고 언급한다. "제가 학생들에게 '자, 이제 의자나 침대를 디자인해 보자.'라고 말하면 학생들은 의자와 침대에 대한 기존 개념을 바탕으로 디자인을 연구한다. 하지만 정반대이자 본질적인 방향에서 모델에 접근하면 가구의 중요한 측면을 깨닫게 할 수 있다."

다른 답을 찾기 위해서는 기존 가정을 잊어야 한다는 생각은 고대 그리스 철학자 헤라클레이토스의 경구에도 생생하게 담겨 있다.

태양이 없을 때 우리는 비로소 샛별을 볼 수 있다.

여기서 '태양'은 상황의 지배적 특징을 나타낸다. 예를 들어 다른 소리를 다 묻어버릴 정도의 소음, 동료들을 완전히 능가하는 선수, 요리의 다른 맛을 압도하는 강한 향신료, 다른 일을 할 여지를 전혀 주지 않는 활동, 특정 문제를 해결하는 기존 방법 등이 있다.

'샛별'은 그 상황에서 덜 분명한 특징을 말한다. 우리는 태양이 너무 밝아서 다른 별들을 볼 수 없다. 하지만 태양(주요 특징)이 없다면 별이 보이기 시작하고 다른 소리, 다른 선수들, 다른 맛, 다른 활동들을 인식하게 된다.

현명한 바보는 이런 '태양과 별' 비유가 문제에 대해 생각하는 방식에도 적용된다고 말한다. 우리가 어떤 상황에 대해 강력한 가정을 하고 있다면 대안을 생각할 가능성이 작다. 그러나 지배적인 견해가 모호하거나 일시적으로 잊어버린다면 이런 대안이 더 분명해진다. 다른 방식으로 말하면 아래와 같다.

발견이란 늘 그곳에 있었지만
다른 무언가에 의해 가려져 있던 것을 찾아내는 것이다.

예를 들어 고대 철학자 피타고라스는 여느 때처럼 고향 사모스섬의 대장장이 작업장을 지나고 있었다. 대장장이가 쇠막대를 두드려 내는 쾅쾅 소리가 소음이라는 것을 잠시 무시하고 정보라고 생각하면서 들었다. 이런 통찰력을 통해 피타고라스는 그 음의 음높이가 부딪히는 물질의 길이 함수라는 사실을 발견했고 이는 피타고라스 수리물리학의 첫 번째 원리가 되었다.

또 다른 매우 간단하면서도 효과적인 '망각' 기술은 단순히 뒤로 물러나 문제로부터 완전히 벗어나는 것이다. 소프트웨어 디자이너 릭 텐디Rick Tendy는 이렇게 말했다.

나는 문제 해결을 위해 노력하는 방식으로 문제를 해결하지 않는다.

다시 말해서 텐디는 문제를 무의식적 활동의 힘에 넘겨버리라고 권장한다. 현명한 바보는 당신이 문제를 풀거나 프로젝트를 수행할 때 머리에 씨앗을 심는다는 것을 알고 있다. 문제에서 물러나 있을 때도 씨앗은 머릿속에서 계속해서 자라고 새로운 신경 연결망을 만든다.

예를 들어 잠시 시간을 내서 'C'로 시작하는 도시 7개를 생각해보자.['ㅅ'으로 시작하는 도시 7개를 생각해 보자.]

자, 이건 꽤 쉽다. 아마 시카고, 카라카스, 코펜하겐, 캘커타, 콜럼버스, 카사블랑카, 케이프타운 등과 같은 일곱 개 도시를 떠올렸을 것이다.[아마 서울, 세종, 수원, 상하이, 시카고, 시애틀, 샌프란시스코 등과 같은 도시를 떠올렸을 것이다.] 그러나 이제 머릿속에 문제가 심어졌으니 당신이 내일 아침에 일어나면 캘거리, 카이로, 신시내티, 쾨르달렌, 캔버라, 쾰른, 첸나이[산티아고, 시드니, 싱가폴, 산호세, 샌디에고, 산타모니카, 신시내티] 등

7개가 더 생각날 것이다. 그리고 이후에도 클리블랜드, 쿠스코, 충칭, 샬럿, 칼레, 코르도바, 체터누가[서산, 삿포로, 시안, 스톡홀름, 사라예보, 샬럿, 세도나]등 더 많은 도시 이름이 생각날 가능성이 크다.

때로는 어떤 과정의 다음 단계를 잊어버리는 것이 유용한 정보를 얻는 좋은 방법이 될 수 있다. 이를 잘 보여주는 예 가운데 내가 가장 좋아하는 이야기는 디자이너 크리스토퍼 윌리엄스 Christopher Williams에게 들은 이야기이다. 한 건축가가 중앙 녹지에 대규모 사무실 건물 클러스터를 만들었다. 공사가 완료되자 조경 책임자가 윌리엄스에게 건물들 사이 어디쯤 인도를 만들 거냐고 물었다. 윌리엄스는 "잠깐만요. 일단 건물들 사이에 잔디를 촘촘하게 심어주세요."라고 대답했다. 건물들 사이에 잔디가 다 깔렸고 늦여름이 되자 건물과 건물 사이 새 잔디밭에는 맨흙과 밟힌 잔디로 된 오솔길이 생겼다.

윌리엄의 표현에 따르면 이렇다. "연결 지점 사이에 가장 효율적인 동선을 따라 인도를 만들었고, 직각이 아닌 곡선으로 보행 흐름에 따라 크기를 조정했다. 가을이 되자 윌리엄스는 간단하게 그 길을 포장했다. 그 보도는 디자인적인 아름다움을 지니고 있을 뿐 아니라 사용자의 요구를 직접 반영했다."

마지막으로 현재의 걱정을 잊는 좋은 방법은 자연으로 나가

직접 몸을 써서 일하는 것이다. 이건 내 개인적인 예인데, 10년 전쯤 한 친구가 나에게 말했다.

대지가 겨울을 대비해 문을 닫기 시작하는 11월에 약간 우울해지고 일에서 잠시 벗어나고 싶다면 구근을 좀 심어봐. 지금 너를 괴롭히는 문제를 잊고 다가오는 봄에 새로 자라날 생명에 대해 상상하게 될 거야.

나는 그녀의 조언을 받아들였고 그 이후로 매년 수백 개의 수선화 구근을 심었다. 2월 내 생일 무렵이 되면 내 언덕은 노란 물결로 눈부시게 빛난다.

요약

현명한 바보는 이미 알고 있는 지식을 잊어버리는 것 또한 문제에 대한 통찰력을 얻는 유용한 수단이라고 생각한다. 이렇게 하는 하나의 방법은 문제에 직면했을 때 마음에 떠오르는 첫 번째 대답을 무시하는 것이다. 간접적으로 문제에 접근하는 방법도 있다. 이렇게 하면 평소에 간과하던 것들을 볼 수 있다. 또 다른 망각 기술은 그 문제로부터 완전히 벗어나는 것이다. 나중에 다시 돌아왔을 때 새로운 관점을 갖게 될 것이다. 현명한 바보는 다음과 같이 묻는다. "현재 상황에서 태양은 무엇인가? 태양을 무시하면 어떤 새로운 별들이 눈에 들어오는가? 당신의 자아는 대안을 보지 못하게 하는 태양인가?"

12장.
당연한 것은 한물간 것

. . .

"모든 올바른 생각은 결국 잘못된 생각이 된다."

— 피터 드러커, 경영학자이자 작가

현명한 바보는 당신을 성공으로 이끈 모든 전략이 시간이 지나면서 역효과를 낳고 실패로 이어질 수도 있다고 생각한다. 예를 들어 감독이 훈련 기간에 선수들에게 동기를 부여하기 위해 했던 말을 4개월 뒤 플레이오프를 준비할 때 하면 오히려 역효과를 낼 수 있다. 회사가 창업 단계에 있을 때 냈던 성과가 기업이 성숙한 시장으로 확장할 때는 파괴적일 수 있다. 아역 배우가 맡았던 재기 넘치는 역할이 일곱 살 아이에게는 찰떡같이 잘 어울

렸지만 어른이 돼서 성인 역할 오디션을 볼 때는 불리하게 작용할 수 있다.

현명한 바보는 계속해서 추측을 업데이트하고 우리가 사용하는 전략이 맞닥뜨린 문제와 기회에 잘 맞는지 확인하라고 조언한다. 그러나 말이 쉽지, 이렇게 행동하기란 어렵다. 생각, 규칙, 믿음 같은 것들은 존재 이유가 사라진 뒤에도 남아있으려는 경향이 크기 때문이다. 따라서 제거하기 매우 어려울 수 있다. 몇 가지 예를 살펴보자.

프로이센의 프리드리히 대왕(1712~1786)이 자신의 사후인 1806년 발발한 예나 전투에서 패배했다는 속담이 있다. 무슨 의미냐고? 프리드리히 대왕이 죽은 후 20년 동안 프로이센 군대는 전쟁 기술의 변화에 적응하는 대신 성공적이었던 프리드리히 대왕의 군대 조직을 변화 없이 계속 이어나갔다. 만약 프로이센의 장군들이 프리드리히의 신성불가침한 군사 원칙에 의문을 제기했다면 나폴레옹과 훨씬 잘 싸웠을 것이다.

유사하게 나는 12월 30일 오후에 새해 전야를 기념하는 전통을 고수하는 로스앤젤레스 러시아 이민자들에 관한 기사를 읽은 적이 있다. 한 신문 기자가 "왜 남들보다 36시간 먼저 새해를 축하하는 건가요?"라고 물었다. 한 70대 남성이 이렇게 대답했다. "수년 전 소련에서 자랐을 때, 우리는 정말 가난했어요. 30일 오후에 악단을 구하면 마지막 날보다 가격이 훨씬 저렴하다는 사실을 알게 되었죠. 그렇게 우리 전통이 시작되었습니다." 흥미로운 점은 이 사람들은 이제 미국에서 성공을 거두고 새해 전야에 쉽게 호화로운 오락거리를 즐길 수 있었지만, 더는 의미 없는 이유로 기념일을 계속해서 새해 전야 오후로 유지한다는 것이다.[*]

이런 현상의 또 다른 예로 강꼬치고기(파이크)의 적응 행동 검사를 위해 수행한 연구의 이름을 따서 만들어진 '파이크 증후군'을 들 수 있다. 날카로운 이빨을 가진 길고 마른 물고기 파이크는 주로 더 작은 물고기를 잡아먹는 사나운 포식자이다. 실험은 다음과 같은 방식으로 진행되었다. 물과 피라미들로 가득 찬 투명한 종 모양 항아리를 파이크가 들어있는 큰 수조에 넣었다. 예상했던 대로 파이크는 피라미들을 향해 돌진했다. 하지만 그럴 때마다 파이크는 유리에 얼굴을 맞아 고통스러워했다. 수없이 시도한 끝에 파이크는 마침내 공격을 멈추고 피라미를 무시했다.

자, 흥미로운 부분은 이제부터다. 연구자들은 피라미들이 자유롭게 헤엄칠 수 있도록 투명 종 모양 어항을 제거했다. 심지어 파이크 바로 앞에서 제거했지만 파이크는 더 이상 피라미를 공

---

[*] 우리 회사를 포함해서 내가 함께 일했던 거의 모든 조직이 쓸모없는 이유로 새해를 일찍 축하하는 것과 유사한 사고방식을 조금씩은 가지고 있다.

격하지 않았다. 파이크는 피라미를 고통과 연결했고, 쉽게 접근할 수 있는 '고통 없는 먹이'라는 새로운 현실에 적응할 수 없었다. 파이크는 프레드릭의 장군들과 새해 전야 오후를 기념하는 러시아 이민자들과 마찬가지로 상황이 변했으므로 내가 알고 있는 사실이 더는 의미가 없다는 사실을 이해할 수 없었다.

우리가 편안한 습관과 일상에 안주할 때마다 우리의 사고는 정체되고 경직된다. 이를 의식적으로 건드리려면 문제를 해결하거나, 기회를 잡으려고 노력하거나, 위험을 무릅쓰거나, 참신한 일을 다루거나 자신의 추측을 의심하는 등의 도전이 필요하다.

현명한 바보가 좋아하는 방법 하나는 어색하다고 여겨질 수도 있는 상황일지라도 일을 '왜' 이렇게 진행하냐고 묻는 것이다. 이유를 묻는 것은 당신(혹은 다른 사람)이 어떤 정책과 행동의 주요 동기를 파악하는 데 도움이 될 수 있다. 또한 한물간 생각을 없애는 것으로 이어질 수도 있다. 미국의 물리학자 토머스 허쉬필드Thomas Hirschfield는 이렇게 말했다.

"왜 하필 이거지?"라고 충분히 자주 질문하지 않으면
누군가 "왜 하필 당신인가?"라고 물을 것이다.

많은 사람이 자신이 아는 것에 자부심을 느끼지만 현명한 바보는 정반대의 철학을 가지고 있다. 그들은 자신의 무지가 귀중한 자산이라고 생각한다. 실제로 현명한 바보의 가장 위대한 힘은 이런 질문을 하는 것이다. "이 일이 왜 이런 방식으로 진행되었는지 이해가 잘 안 되는데 설명해 주실 수 있나요?" '왜'라고 물어야 일을 제대로 진행할 수 있다. 하지만 호기심이 사라지면 문제를 파악하고 잠재적인 기회를 엿보는 능력을 키우기 힘들다. 사람들이 '왜'라고 묻는 것을 멈추거나 자주 묻지 않는 이유는 뭘까? 세 가지 중요한 이유가 있다.

첫째, 우리는 살면서 사물을 있는 그대로 보는 것에 익숙해진다. 당신이 뭔가를 당연하게 여기면 그 내용에 대한 의문을 제기하지 않는다는 것은 말할 필요도 없고 많은 것을 알아차리지 못한다.

둘째, 다른 사람이 우리를 어떻게 평가하는지 지나치게 신경을 쓰기 때문이다. 너무 자주 '왜'라고 물으면 당신이 정보를 잘 알지 못하는 것처럼 보이거나 더 나쁘게는 불쾌한 '문제 인물'로 낙인찍힐 위험이 있다.

세 번째 원인은 안일함이다. 어떤 일을 성공적으로 했을 때 우리 가운데 일부는 "다 잘 되어 가고 있어."라고 생각하는 경향이 있으며 개선점 찾는 것을 멈춘다. 빠르게 변화하는 세상에서 이런 태도는 매우 위험하다. 현명한 바보는 그런 믿음에 대한 해

독재로 우리의 불만을 고조시키고, 짜증이 나게 하며 성가시게
하는 일들에 집중하라고 권한다. 예를 들어서 나한테는 발명가
친구가 하나 있는데, 그 친구는 깨어있는 시간 대부분을 자기 발
명품을 만지작거리며 보낸다. 왜 그러는지 그 발명가 친구에게
묻자 이렇게 대답했다.

지금 상태로 존재하는 모든 것이 만족스럽지 않아서 그래.

결과적으로 보면 이런 동기가 있었기에 그 친구는 흥미로운
제품을 많이 만들 수 있었다. 누군가는 그의 방법이 극단적이라
고 말할 수도 있다. 하지만 약간의 불만족은 우리에게 "왜?"라고
질문하게 만들기 때문에 창작 과정에서 유익한 자극제가 될 수
있다고 주장한다.

요약

현명한 바보는 기존 규칙과 프로그램을 살펴보고 "이 규칙을
만든 이유가 뭔가요?"라고 묻는다. 그런 다음 "그 이유가 여전
히 존재하나요?"라고 질문한다. 대답이 '아니오'라면 그 규칙을

제거하면 된다. 혁신이란 새로운 아이디어를 생각해내는 것뿐만 아니라 한물간 아이디어에서 벗어나는 것을 의미한다. 교육자 루돌프 플레쉬Rudolph Fleschrk는 이렇게 말했다.

창의적 사고는 늘 해오던 방식을 고수할 필요가 없다는 사실을 깨닫는 것이다.

현명한 바보는 또한 이렇게 묻는다. "당신이 불만족스러운 것은 무엇인가? 어떻게 하면 짜증을 영감으로 바꿀 수 있을까?"

13장.
사랑을 버려라

• • •

"글을 쓸 때 애지중지하는 네 사랑을 죽여라."

— 윌리엄 포크너William Faulkner, 미국 작가

어떤 아이디어가 '적합성 유효기한'이 지났는데도 계속 존재하는 주된 이유는 사람들이 그 아이디어와 사랑에 빠진 나머지 더 좋은 대안이 있음에도 그 아이디어를 계속 사용하기 때문이다. 현명한 바보는 아이디어, 특히 과거에 우리에게 성공을 안겨준 아이디어와 사랑에 빠지지 말라고 조언한다. 그러나 특정 접근 방식으로 성공을 거뒀다면 그 방식에 정서적 애착이 생기게 되어 이를 없애기란 상당히 어렵다.

여기 내 사례를 한번 보자. 몇 년 전 나는 파라티노^{Palatino}

Semibold라는 글꼴과 사랑에 빠지는 실수를 저질렀다. 내가 회사를 처음 시작했을 때, 나는 많은 사람에게 사업에서 성공을 거두기 위한 특별한 팁을 알려달라고 물었다. 한 인쇄업자가 "글꼴과 사랑에 빠지지 마세요."라고 말해주었는데, 정말 최고의 조언이었다. 그 인쇄업자는 특정 글꼴을 너무 좋아하게 되면 모든 작업을 할 때, 심지어 그 작업에 어울리지 않을 때조차 그 글꼴을 사용하고 싶을 것이라고 말했다. 나는 조언을 귀담아듣지 않는 실수를 저질렀다. 얼마 후 나는 파라티노체와 사랑에 빠졌고, 내가 하는 모든 작업에 심지어 전혀 어울리지 않는 곳에도 이 서체를 사용했다. 곧 내 디자인은 신선함을 잃었고 촌스러워 보였다.

이 조언은 "아이디어와 사랑에 빠지지 마라."로 일반화할 수 있다. 특정한 접근법에 심취하면 두 가지 부작용이 발생할 수 있다. 첫째, 적절한지와는 상관없이 어디서나 사용하고 싶어진다. 둘째, 대안이 주는 장점을 보지 못하고 기회를 놓칠 수 있다. 그 아이디어가 자원 할당이든, 학교 기금 마련 전략이든, 부부가 휴가 장소를 결정하는 기준이든 관계없이 사실이다.

비즈니스에서 아이디어와 사랑에 빠진 대표적인 사례로 헨리 포드의 자동차를 들 수 있다. 한 세기 전, 포드는 모든 자동차를 한 가지 색상("검은색이기만 하면 어떠한 색도 선택하실 수 있습니다.")

으로 출시해서 성공을 거뒀다. 포드는 효과가 있다고 믿었고 그 것을 고집했다. 이런 집착으로 인해 제2차 세계 대전 이후, 다양 한 색상과 스타일을 원하는 소비자 계층이 증가하고 있다는 사 실을 제대로 파악하지 못했다. 그 결과 포드는 시장 점유율의 많 은 부분을 제너럴 모터스에게 빼앗겼다.

나는 성공한 첨단 기술 회사의 설립자였으나 자신의 사업 방 식을 고수하려고 고집부리다가 이사회로부터 쫓겨난 사람 몇 명 을 개인적으로 알고 있다. 그들은 헨리 포드처럼 자신의 의견에 집착했다. 당신도 살면서 이와 유사한 사례, 다시 말해 그 방식을 너무 좋아한 나머지 계속 같은 방식으로 무어가를 하는 사람이 나 집단을 경험해 본 적이 있을 것이다.

'아이디어 흠모' 문제를 다루기 위해 유명한 그래픽 디자이너 인 폴 랜드Paul Rand는 다음과 같은 기술을 개발했다. 랜드는 자신 의 디자인이 꽤 잘됐다고 느껴지지 않으면 디자인에서 가장 좋 아하는 부분을 제거하곤 했다. 그렇게 해서 디자인이 개선되기 도 했지만 가끔은 디자인이 망가지기도 했다. 하지만 랜드는 이 전략이 자신에게 대안을 고려할 기회를 주었다고 느꼈다.

프랑스의 고생물학자이자 노벨상 문학상 수상자인 로제 마 르탱 뒤 가르Roger Martin du Gard는 객관성을 추구하기 위해 랜드와 비슷한 접근 방식을 취했다.

첫 번째 규칙('규칙의 규칙')은
매력적인 것에 도전하는 기술이다.

뒤가르는 자신을 포함해 많은 사람이 환상, 정교회, 다양한
종류의 교리에 너무나도 쉽게 영향받는다는 사실을 알고 있었
다. 비슷한 맥락에서 9세기 불교계 거장 린 치Lin Chi도 제자들에
게 이렇게 말했다.

길에서 부처를 만나면 죽여라.

린이 제자들에게 진짜로 살인을 저지르라고 부추긴 것은 아
니다. 오히려 상징적인 의미를 담아 부처를 신성한 숭배의 대상
으로 만드는 제자들의 모습이 "사물에 애착을 두지 말라."라는
부처의 가르침을 놓치고 있다고 느꼈다.

티베트 불교 승려들이 색색의 모래 만다라를 만드는 장면을
볼 기회가 몇 번 있었다. 이 그림들은 다양한 색의 돌을 작은 알
갱이로 깎아서 탁자 크기 정도의 면적에 복잡한 기하학무늬를
그려 넣어서 만든다. 네 명의 사제가 하나의 팀을 이루어 엄청난
집중력을 발휘해 만다라를 만드는 모습은 정말 놀라웠다.

만다라를 완성하는 데 보통 삼일 정도 걸린다. 만다라를 완성

하고 나서 승려들은 그 아름다움을 보고 잠시 감탄한 뒤 기도를 드린다. 그런 다음 주지 승려는 이 유색 모래 예술품을 하나로 쓸어모으고 그 모래 더미를 비단 자루에 옮겨 담는다. 이후 그 비단 자루를 모두 근처 개울이나 강에 흘려버린다. 이는 모든 창조물이 덧없음을 상징한다.

요약

현명한 바보는 존재해야 할 이유가 사라졌음에도 불구하고 아이디어가 계속 제자리에 머무는 경향이 있다고 생각한다. 시대에 뒤떨어진 아이디어를 찾아내서 그 아이디어를 제거해라. 과거의 성공이나 좋아하는 아이디어에 대한 애착은 당신이 대안을 찾는 것을 방해한다. 당신은 어떤 좋아하는 아이디어를 버릴 수 있는가?

14장.
레트로가 영감이 된다

. . .

"모든 오래된 것들은 언젠가 다시 새롭게 여겨진다."

— 피터 앨런Peter Allen, 호주 싱어송라이터

현명한 바보는 한물간 생각이나 믿음을 버려야 한다고 굳게 믿는다. 하지만 흥미롭게도 가끔은 한때 버려졌던 아이디어를 현재 상황에 적용할 여지가 있다고도 믿는다. 다시 말해 좋은 아이디어가 별로인 아이디어가 될 수 있지만, 가끔은 특정한 상황에서는 그 아이디어가 다시 한번 좋은 아이디어가 될 수 있다. 나는 이러한 현상을 과거와 미래의 북극성인 투반Thuban의 이름을 따서 '투반 현상'이라고 부른다. 그 배경은 이렇다.

지금 우리가 북극성이라고 부르는 별은 폴라리스Polaris로 다른 모든 별이 폴라리스를 중심으로 회전하는 것처럼 보인다. 하지만 밤하늘의 중심인 폴라리스의 역할은 영원하지 않다. 지구가 자전하면서 회전축 자체가 팽이처럼 흔들리기 때문이다. 지구가 회전축을 중심으로 2만 6천여 년에 걸쳐 원을 그리며 움직이는 탓에 그 원에 걸쳐있는 별들이 차례로 '북극성' 역할을 한다.

용자리 투반Thuban은 폴라리스 이전 북극성 가운데 하나였다. 대략 기원전 4000년 전부터 기원전 1800년까지 투반은 고대인들이 진짜 북쪽을 찾기 위해 사용하던 안내 등이었다. 투반이 얼마나 다양하게 사용되었던지! 이집트인들은 투반을 기준으로 이집트 교외에 있는 기자의 거대한 피라미드를 정렬했고, 신석기시대 영국 부족들은 스톤헨지를 배치하는 데 투반을 활용했다. 초기 바빌로니아 천문학자들은 정확한 달력을 만들기 위해 밤하늘에 뜬 투반을 중심으로 관찰한 기록들을 사용했다.

하지만 영원히 지속되는 것은 없다. 지구의 흔들림 주기 때문에 투반은 진북에서 서서히 멀어져 기원후 1만 년쯤에는 북쪽에서 거의 47도나 멀어진다. 하지만 흥미로운 사실이 있다. 투반은 다시 천체의 북쪽을 향해 나아가 2만 300년쯤에는 지구의 북극성이 될 것이다. 투반이 다시 밤하늘의 중심으로 돌아오면 어떤 놀라운 일들이 펼쳐질지 궁금하다.

현명한 바보는 하늘의 중심에 있었다가 세상 사람의 관심 밖으로 잊혔으며 다시 중심으로 이동하는 투반의 움직임을 우리 인생 일부에 대입할 수 있는 유용한 비유라고 생각한다.

적용 방식은 이와 같다.

1. 당신은 북극성을 가지고 있다

북극성이란 우리의 생각이나 행동을 이끄는 생각, 믿음, 흥미, 전략이나 철학 등을 말한다.

2. 당신은 변한다

지구에 변화가 생기듯이 우리의 삶의 축도 변한다. 새로운 관심사가 생기고, 사는 곳도 달라지며, 새로운 사람들을 만나 새로운 북극성을 찾는다. 그리고 기존 북극성은 주변으로 밀려난다.

3. 상황이 주기적인 방식으로 계속된다

전 북극성이 중심 역할을 되찾듯이, 과거의 북극성이 우리 사고에서 다시 우위를 차지할 수 있다. 이런 상황이 발생할 때 '투반'이라고 한다.

우리는 모두 어렸을 때 정치, 종교, 개인적 관심사 등 특정한 신념에 빠졌다가 이후에는 그 신념에서 벗어나 인생의 후반기에 다시 북극성으로 돌아온 사람들을 한두 명쯤은 알고 있을 것이다.

실제로 나는 세상의 거의 모든 것이 르네상스*를 가지고 있다고 생각한다. 왜냐하면 이전 시대로 돌아가 기존에 성공했던 아이디어를 찾아 적용해 보기 때문이다.

르네상스 시기인 15세기와 16세기 동안 이탈리아와 북유럽에서 이런 현상들이 나타났다. 쿠사Cusa의 니콜라스, 피코 델라 미란돌라Pico della Mirandola, 에라스무스, 세바스티안 브란트 Sebastian Brant, 토머스 모어, 필리프 멜랑숑Philipp Melanchthon, 미셸 드 몽테뉴, 조르다노 부르노Giordano Bruno 등 그 시대 인문주의자들의 신조는 아드 폰테스Ad Fontes, 다시 말해 '근원으로 회귀'였다. 이는 거의 2000년 전 고대 그리스와 로마 문화를 차용한다는 것을 의미했다. 과거를 뒤돌아봄으로써 종교 중심의 중세 세계관을 넘어 조금 더 인간 중심적인 세계관으로 나아가겠다는 목표를 달성하는 데 도움이 되었다.

---

* 학문이나 예술의 재생·부활이라는 의미.

요약

현명한 바보는 때때로 다른 시대에는 성공했지만, 그 이후로는 사용되지 않는 아이디어와 전략이 새로운 맥락에서 다시 유용할 수 있다고 말한다. 따라서 영감과 해결책을 찾기 위해 과거를 살펴보는 것은 유용하다. 잠시 현재 진행하고 있는 프로젝트를 살펴보면서 초기 단계에 버려졌던 아이디어 몇 가지를 파악해 보자. 프로젝트 후반 단계에서 적용할 수 있는가? 당신의 예전 아이디어 중에서 현재 프로젝트에 적용할 수 있는 아이디어는 무엇이 있을까?

15장.
제대로 돌아가지 않는 것을 찾아라

• • •

"아침에 일어나면 가장 먼저 양치를 하고 혀를 날카롭게 간다."

— 도로시 파커Dorothy Parker, 미국 비평가

현명한 바보의 혀는 현명함을 잘 구현한다. 예리한 기지를 가지고 있으면 눈치가 빠르고 민첩하며 분별력이 있고 대상을 날카롭게 관찰할 수 있다. 겉치레와 가식을 쳐내려고 신랄하게 비판하기도 한다. 유명한 예로 18세기 서로를 좋아하지 않았던 두 영국 신사 존 몬태규John Montague와 존 윌크스Jonh Wilkes 사이에 오간 대화가 있다. 몬태규는 정치인이었고 윌크스는 상류층의 위선을 혐오하는 급진주의자 언론인이었다.

존 몬태규: 월크스, 자네는 교수대에서 죽거나 천연두로 죽게 될 걸세.

존 월크스: 각하, 어느 쪽이 될지 모르겠습니다. 각하의 원칙을 받 아들이는 것이 먼저일지 각하의 정부를 안는 것이 먼 저인지에 달려있겠죠.

[whether I <u>embrace</u> your principles or your mistress. 받아 들이다, 껴안는다는 의미를 지닌 embrace를 이용한 중의적 말 장난]

현명한 바보는 때로 코미디언이나 풍자가 역할을 한다. 이 역 할을 할 때 우리 일상생활의 일부인 부조화를 분명하게 말한다. 예를 들어 코미디언 조안 리버스는 이렇게 말했다.

남자는 여기저기에서 잘 수 있지만, 열아홉이나 스무 번의 정도의 실수를 저지른 여자가 있다면 그 여자는 부랑자이다.

처음 들으면 우리는 웃는다. 하지만 리버스는 남녀를 대하는 문화적 이중 잣대를 표현했고 그로 인해 우리는 신념 체계에 내 재한 일부 모순에 대해 잠시나마 생각하게 된다.

현명한 바보는 모순을 지적하기를 좋아한다. 겉보기와 다른 실제 모습 밝히기를 좋아한다. 실제로 부조리함을 찾는 것이 본인의 일이라고 생각한다. 그러기 위해 현명한 바보는 쓰레기 탐지기를 작동시켜 모순된 방식으로 작용한다고 여겨지는 것들을 킁킁거린다. 현명한 바보의 조롱이나 적어도 가벼운 패러디를 유발할 것 같은 상황 몇 가지를 살펴보자.

현명한 바보가 조롱하기 가장 좋아하는 대상은 위선자, 특히 주장하는 바와 실제 행동이 일치하지 않는 사람이다. 독신주의를 설파하는 종교 지도자가 바람둥이라면 현명한 바보의 가시 돋친 비평을 듣게 될 것이다.[*]

현명한 바보는 약속과 실제 행동이 다를 경우, 관심을 일깨우는 일 또한 자신의 역할이라고 생각한다. 열심히 일하거나 위험을 기꺼이 감수하려는 사람들의 동기를 제거하고 모두에게 공짜 상품을 제공하려는 경제 체제가 그 한 예가 될 수 있다. 현명한 바보는 그런 체제가 공급 부족을 초래할 수 있다는 사실을 알고 있으며 이를 공공 서비스라고 비꼰다. 물론 또 다른 현명한 바보가 반대 의견을 제시할 가능성이 있다면 이 문제는 활발한 토론

---

[*] 이런 위선을 맹렬하게 비판한 예로 바리새인을 질책한 예수의 예를 꼽을 수 있다. "화 있을진저. 외식하는 서기관들과 바리새인들이여 회칠한 무덤 같으니 겉으로는 아름답게 보이나 그 안에는 죽은 사람의 뼈와 모든 더러운 것이 가득하도다." 마태복음 23장 27절

으로 이어진다!

'오만한 설계'도 현명한 바보의 레이더망에 포착된다. 사용하기 쉽다고 광고하지만, 실제로는 사용자가 좌절하며 멍청하다고 느끼게끔 만드는 제품에서 종종 발견된다. 심지어 사용자들은 이런 제품을 진짜 똑똑한 사람들이 만든 것이라고 생각한다. 소프트웨어를 포함해 놀라울 만큼 많은 상품이 이를 잘 드러내므로 조롱받아야 마땅하다.

현명한 바보의 위선에 대한 인식은 예술적으로 표출되어 더 큰 주제를 다루기도 한다. 대부분 읽어봤거나 알 만한 예를 몇 가지 살펴보자. 마크 트웨인의 『허클베리 핀』은 표면적으로는 자선을 베푸는 기독교 사회지만 노예 제도가 자행되는 모순을 목가적으로 묘사한다. 스탠리 큐브릭 감독의 「닥터 스트레인지러브」는 냉전으로 인해 터무니없는 상황이 촉발하는 구조를 풍자한 작품이다. 조지프 헬러Joseph Heller는 자신의 저서 『캐치-22』에서 군부 관료제가 채택한 섬뜩한 논리를 풍자했다. 볼테르의 『캉디드』는 18세기 유럽 가톨릭교회의 위선에 대해 신랄하게 비판하고 있으며, 단테의 『신곡-지옥편』은 오만하고 힘 있는 자들이 살이 타는 듯한 지옥의 원을 둘러보는 내용을 담고 있다. 조지 오웰의 『1984』는 빅브라더 정부의 지나친 디스토피아를 비꼬는 작품이다. 마지막으로 그리스 고대 시인 아리스토파네스의 희극 『리

시스트라타』는 남성들의 전투 참여를 멈추기 위해 '잠자리 파업'을 하는 여성들의 이야기를 다룬 전쟁 반대 코미디이다. 이 작품들은 모두 우리가 잠시 멈춰서 "이거 미쳤네! 지금도 일어날 수 있는 일일까?"라고 생각하게 만든다.

현명한 바보는 어떤 규율을 완전히 엉망으로 만드는 주된 방법은 정치와 많은 부분이 연관될 때라고 생각한다. 정치 영역 어디에서 비롯되었든 간에 편향된 정보를 제공해서 개념적 완전성을 압도하는 상황에서 특히 더 그렇다. 엔터테인먼트, 교육, 언론 등 많은 분야에서 이런 현상이 발생했다. 하지만 이런 현상이 국민들에게 식량을 공급하는 산업, 다시 말해 농업에서 발생한다면 그 결과는 비극적이다. 현명한 바보는 국가에서 승인한 생물학의 한 형태인 리센코 학설이 준 교훈을 기억하라고 말한다.

1930년대 초 구소련의 농업 생산량은 농장의 강제 집단화와 쿨락 농민*의 학살로 인해 심하게 감소했다. 1932년에서부터 1933년까지 계속된 대기근으로 구소련 정부는 새로운 농사 방법을 찾았지만, 이런 방법은 반드시 마르크스-레닌주의 원칙에 부합해야 한다는 조항이 있었다. 트로핌 리센코Trofim Lysenko라는 젊은 우크라이나 농업학자는 봄에 꽃을 피울 수 있는 겨울 밀 변

---

* 스탈린 집권 초기 당이 조금 더 잘 사는 농민으로 규정한 농민.

종을 만들기 위해 시도한 소규모 실험 하나를 바탕으로 자신만의 생물 이론을 만들어냈다. 리센코는 자신의 연구가 긍정적인 결과를 보였다고 주장했지만 이후 누구도 같은 결과를 내지 못했다.

리센코의 생물학이 추진력을 얻게 된 데는 두 가지 이유가 있었다. 첫째로 리센코는 다윈의 진화론이 타당한 논점 몇 가지를 가지고 있다고 믿었다. 하지만 전반적으로 자원을 놓고 경쟁하는 종에 대한 이론은 자본주의와 너무 비슷해서 변증법적 유물론 렌즈를 통해 자연을 보는 사람은 받아들일 수 없었다. 둘째로 멘델의 유전 모델은 생물학자들에게 유전 역할을 이해하는 데 유용한 통찰력을 제공했지만, 변화의 원동력으로서 유전 돌연변이의 무작위적 성질을 강조했기 때문에 리센코는 이를 거부했다. 반동분자 같은 입장이라고 생각했기 때문이다. 대신에 리센코는 후천적으로 획득한 특징을 자손에게 물려줄 수 있다는 완전히 폐기된 개념인 마르크스주의에 우호적인 라마르크의 개념을 채택했다. 극단적인 예로 개의 리센코는 강아지의 꼬리를 자르면 꼬리가 없는 새끼가 태어난다고 주장한다.

리센코주의는 "우리는 시베리아에 과수원을 갖게 될 것이다."라고 발표하며 풍부한 수확량을 약속했다. 정당의 이념과 방향성이 같았기 때문에 구소련 정부는 이 생물학을 지지했다. 심지어 이오시프 스탈린도 개인적으로 리센코의 연구를 승인했다. 1930년대와 1940년대 대부분 기간을 리센코와 그의 지지자들은 다른 생물학 관점에 반대하는 캠페인을 벌였으며 반대자들을 '어둠의 선동자'로 분류했다.

1948년까지 리센코주의가 생물계를 완전히 장악했다. 레닌 농업 과학자협의회가 주최한 회의에서 구소련은 리센코주의가 유일한 공식 생물학이며 "우리는 유전에 대한 염색체 이론을 인정하지 않는다."라고 덧붙였다. 공개적으로 리센코에게 동의하지 않았던 과학자들은 자신의 '잘못된 생각'을 인정하는 반성문을 써야 했다. 리센코는 자신의 학설에 이의를 제기하는 과학자를 숙청하는 작업에도 앞장서서 3천 명이 넘는 주류 생물학자들이 일자리를 잃었다. 옥고를 치른 학자들도 많았으며 심지어 처형당한 사람도 있었다. 도서관에서 고전 유전학 교과서가 모두 사라졌고 연구실이 폐쇄되었으며 과일 초파리*도 모두 폐기했다. 구소련의 유전학 연구는 엄청난 타격을 입었다. 이것은 경험 과학의 엄청난 패배였다.

소련의 농업 생산량이 계속해서 감소했음에도 불구하고 리센코주의는 정치적으로 올바른 이념에 기반을 두었다는 명목으로

---

* 당시 유전학 연구는 대부분 초파리를 사용해 연구했다.

1950년대 내내 소련과 동구권 국가에서 지배적인 영향력을 떨치다가 1960년대 초반에서야 그 영향력이 약해졌다. 하지만 불행하게도 기대는 이미 소련의 생물학자 한 세대가 모조리 사라진 이후였다. 이들 가운데는 국가의 정치적 개입에 대항하여 '위기 대응 근육 휘두르기'를 시도한 사람이 많이 있었는데 유명한 유전학자 니콜라이 바빌로프Nikolai Vavilov도 1943년 수용소에서 사망했다.

요약

현명한 바보는 이런 질문을 던진다. "현재 상황에서 제대로 돌아가지 않는 것은 무엇일까? 어떤 모순과 부조화와 위선이 보이는가? 당신의 생각을 지배하는 신조나 정치적 견해가 있는가?"

16장.
자신을 속이지 마라

· · ·

"첫 번째 원칙은 자기 자신을 속이지 않는 것이다.

가장 속기 쉬운 사람은 나 자신이다."

— 리처드 파인만, 미국 물리학자

현명한 바보는 속임수가 삶의 근본이라는 사실을 안다. 이런 교묘함은 유전자에서부터 세포, 개인, 집단에 이르기까지 모든 수준에서 발생한다. 바이러스와 박테리아를 살펴보자. 에이즈 바이러스는 외피 단백질을 매우 자주 변경해서 숙주가 방어하는 데 어려움을 겪게 만든다. 식물, 곤충, 그리고 동물계에 속한 사실상 거의 모든 생물은 주변의 다른 유기체를 속이는 방법을 알고 있다. 대대수 난초 종이 곤충과 같은 꽃가루 매개자들에게 그들이 원하는 것을 제공하는 듯 속이기만 하고, 실제로는 제공하지 않음으로써 수분을 성공시킨다. 동물들은 포식자들로부터 자신을 보호하기 위해 위장한다. 예를 들어 문어는 몇 분 만에 자신의 색을 바꿀 수 있다.

사람의 경우 다른 사람과의 상호작용하는 데 속임수가 깊숙이 자리 잡고 있다. 전쟁을 예를 들어보자. 사령관은 적을 전쟁터로 유인하기 위해 약한 척하거나 적의 공격을 막기 위해 강한 척하기도 한다. 정치나 구애 측면에서 살펴보면 정치인과 연인 모두 자신의 성격상 결점을 숨긴다. 국정 운영 기술 측면에서 살펴보면 정부는 공공 이익 기여 프로그램에 대해 화려하고 듣기 좋은 공약으로 국민들을 현혹하지만, 실상은 소수 엘리트에게만 이익이 돌아가기도 한다. 수수께끼를 만드는 사람은 애매하고 관련 없는 정보를 사용해서 문제를 푸는 사람이 잘못된 가정을 하도록 속인다. 스포츠에서 팀들은 상대방을 혼란스럽게 하려고 위장 경기를 펼친다. 포커 플레이어는 잘못된 '텔'*로 상대방을 속인다.

---

* 상대가 은연중에 노출하는 표정, 몸짓, 손버릇 등으로 자신의 카드나 전략에 대한 단서를 드러내는 모든 비언어적 신호.

우리 중 많은 사람이 동화책을 읽으면서 처음으로 속임수를 알게 된다. 『빨간 모자』에서 나쁜 늑대가 할머니로 변장하거나, 『헨젤과 그레텔』에서는 사악한 마녀가 맛있는 음식을 준다는 거짓 약속으로 아이들을 자신의 집으로 유인한다.

그림 형제의 동화는 다양한 교훈을 명확하게 보여준다. 고결한 사람이나 마땅히 자격이 있는 사람이 보상받는 것이 아니라, 오히려 속임수를 깨닫고 스스로 생각하는 사람에게 보상이 돌아간다. 현명한 바보는 "속지 말라"는 교훈이 젊은이와 노인 모두에게 중요한 교훈이라고 믿는다.

주변 환경이 우리를 속이기는 하지만 현명한 바보는 우리의 일상에서 '속임수 챔피언'은 세상이 아니라 바로 우리 자신이라고 말한다. 실제로 현명한 바보는 우리가 자신의 인지적 한계에 대해 더 솔직하다면 판단력이 크게 향상될 것이라고 생각한다. 물리학자 파인만도 이에 동의할 것이다. 파인만은 1974년 캘리포니아공과대학교 졸업식에서 이번 장 시작 부분에 인용한 문구를 말했다. 그는 주로 과학자와 기술자인 청중들에게 그들이 상상했던 것보다 더 편향되어 있을 가능성을 염두하며 더 큰 객관성을 확보하여 작업하도록 노력하라고 격려했다. 하지만 파인만은 대부분 사람이 지각, 인지, 정치, 문화 등 많은 무의식적 가정을 이미 사고에 내재화하고 있음에도 그 존재를 거의 인식하지 못하기 때문에 객관성을 유지하기가 어렵다는 사실을 알고 있었다. 파인만은 이러한 편견을 최소화하기 위해서는 상당한 노력이 필요하다는 것을 알고 있으며 이와 다르게 생각하는 사람들은 스스로를 속이고 있다고 느꼈다.

우리는 얼마나 쉽게 속아 넘어가는가? 착시현상 책을 몇 분 훑어보기만 해도 어떤 상황의 진실을 쉽게 구별할 수 있다는 확신이 무너질 것이다. 당신이 전문 마술사와 이야기를 나누게 된다면 그 마술사는 인간은 "매우 쉽게 속는다."라고 말할 것이다. 펜앤텔러Penn and Teller 마술 듀오*에서 조용하게 말하지 않는 분야를 담당한 텔러는 인간 지각 연구 분야에서 인지과학자들은 적어도 수천 년 동안 그 주제를 연구해 온 마술사들에 비하면 초보라고 말했다. 텔러는 우리가 끊임없이 자신을 속일 때 특히 자기의 인식을 신뢰하면서 스스로를 속인다고 결론지었다. 그는 단도직입적으로 말했다.

자신에게 하는 거짓말만큼 우리를 잘 속이는 것은 없다.

* 40년 넘게 공연해 온 미국의 유명 마술 및 코미디 듀오로 펜은 재치 있는 말과 입담을 주로 하고 텔러는 마임이나 마술 등 기술 부분을 담당함.

아마도 자신에게 하는 가장 큰 거짓말은 우리가 머릿속에서 만드는 세상이 현실을 상당히 객관적으로 인식하고 있다는 생각일 것이다. 이는 사실과 거리가 멀다. 어떤 것을 지각할 때 우리는 그것을 있는 그대로 보지 않는다. 인지과학자들은 지각 능력이 뇌가 감각으로부터 얻은 정보를 형성하고 왜곡하고 검열하는 복잡한 과정을 거쳐 머릿속에 외부 세계의 이미지를 만들어 낸다는 사실을 증명했다.

이런 이유로 인지적 맹점이 발생한다. 우리 중 많은 사람이 적어도 자신은 다른 사람에 비해 지각적 제약이나 사회적 편견과 문화적 영향으로부터 자유롭다고 생각한다. 이런 자만심 때문에 자신의 의사결정과 문제해결 역량이 외부로부터 얼마나 큰 영향을 받는지 제대로 알지 못한다. 이것이 바로 파인만이 우리에게 경고한 내용이다.

특히 우리가 자기 일과 가치를 평가하는 방식에서 이러한 왜곡된 판단이 잘 드러난다. 우리는 일상적으로 자신의 역량을 부풀리며 자신을 긍정적 특성 분포의 상위 50퍼센트와 부정적인 특성의 하위 50퍼센트에 배치한다. '자기기만 전문가' 로버트 트리버스Robert Trivers가 제안한 몇 가지 재미있는 통계를 살펴보면 미국 고등학생의 80퍼센트 이상이 자신의 리더십 역량이 상위 50퍼센트라고 생각한다는 것이다. 학자들은 더 심각한데, 94퍼센트 이상이 자신이 상위 50퍼센트 안에 든다고 생각한다.

로렌스 캐스단Lawrence Kasdan의 1983년 영화 「새로운 탄생」은 극도의 자기기만을 잘 보여준다. 이 영화는 대학 동창들이 졸업 후 15년 만에 친구의 장례식장에서 재회하는 이야기를 담고 있다. 제프 골드블럼이 연기한 저널리스트 마이클과 톰 베린저가 연기한 액션 배우 샘은 마음이 어떻게 스스로 거짓말하는지를 논쟁한다.

> 마이클: 나는 단지 내가 원하는 걸 얻으려고 노력할 뿐이야. 다들 그러잖아.
>
> 샘: 방금 네가 한 말은 엄청난 합리화처럼 느껴지는데?
>
> 마이클: 합리화가 뭐가 어때서. 단 하루라도 합리화 안 하면서 사는 사람 본 적 있어? 섹스보다 더 중요한 거야.
>
> 샘: 하, 왜 이래. 섹스보다 중요하다고?
>
> 마이클: 아 그래? 그러는 넌 일주일 동안 합리화를 한 번도 안 하고 지낸 적 있어?

우리 각자에게는 자신의 판단에 영향을 미치는 인지 요소들이 있다. 위키피디아의 '인지 편향' 항목을 보면 심리학자들이 생가과 인식에 영향을 미치는 150개가 넘는 다양한 유형을 찾아냈다는 사실을 알 수 있다.[*] 몇 가지를 살펴보자.

- 사람들은 재미없는 내용보다 재밌는 항목을 더 많이 기억한다(유머 효과).
- 사람들은 자신이 조금이라도 조립한 물건에 더 큰 가치를 둔다(이케아IKEA 효과).
- 사람들은 자주 다니는 길로 이동하는 데 걸리는 시간을 과소평가하고 익숙하지 길로 이동하는 데 걸리는 시간을 과대평가한다(이동 시간 편향).

우리가 하는 판단은 분명히 우리가 속한 문화의 영향을 받는다. 하지만 문화는 우리 생각 속에 너무나 깊이 침투해 있어서 문화적 가정이 행동에 얼마나 많은 영향을 미치는지 미처 깨닫지 못한다. 문화가 얼마나 우리 생각을 지배하고 있는지 쉽게 이해하는 방법은 그 문화를 벗어나 보는 것이다. 예를 들어 나는 몇 년 전 독일에 살고 있을 때, 함부르크에서 열린 새해 전야 파티

---

[*] 경영학 작가이자 컨설턴트인 톰 피터스(Tom Peters)는 이 주제에 대해 "나는 인지 편향을 연구하는 데 너무 많은 시간을 보냈기 때문에 '이치에 맞는' 것은 거의 사실이 아니라고 믿고 있다."라는 흥미로운 견해를 가지고 있다. 이 의견이 일리가 있는가?

에 갔다. 좋은 사람들과 맛있는 음식을 먹는 즐거운 저녁 식사 자리였다. 열 시 반쯤에 누군가가 큰 그릇에 담긴 팝콘을 내밀었다. "맛있겠다. 팝콘을 안 먹은 지 육 개월이 넘었네요."라고 말하며 팝콘 한 움큼을 입속으로 털어 넣었다. 이런, 누군가 팝콘에 설탕을 넣은 것을 알고 깜짝 놀랐다. 나는 당연히 팝콘에 소금이 들어 있을 거라고 생각했다. 그날 저녁에 배웠듯이 북유럽 일부 지역에서는 팝콘에 보통 설탕을 넣어 먹는다. 하지만 내가 자란 문화권에서는 팝콘에 풍미를 더해주는 건 의심할 여지 없이 소금이었다.

서로 다른 문화가 그 문화에 속한 구성원들이 따르는 행동 패턴에 어떤 영향을 미치는지에 대한 더 흥미로운 예를 살펴보자. 정신과 의사 폴 와츠라비크Paul Watzlawick는 제2차 세계 대전 당시 데이트를 한 미군 병사와 영국 여성 사이에 충돌이 잦았다고 설명한다. 데이트했던 남녀 모두 상대가 성추행했다고 비난했다. 이 문제의 원인이 무엇일까? 바로 헷갈리는 신호 때문이었다. 인류학자는 모든 문화에는 처음 눈을 마주치는 것에서부터 성관계를 맺기까지 대략 서른 단계로 구성된 구애 절차가 있다고 말한다. 흥미로운 점은 그 단계가 모든 문화권에서 비슷하지 않다는 점이다. 북미 방식에서 키스는 다섯 번째로 관계를 시작하는 친근한 방법이다. 하지만 제2차 세계 대전 이전 영국에서 키스는 스물다섯 번째 단계 정도로 매우 성적인 활동으로 여겨졌다.

이제 미국 군인과 영국 여성이 만났을 때 어떤 일이 일어날지 상상해 보자. 데이트를 한두 번 하고 나면 미국 군인은 "이 관계를 이어나가려면 그녀에게 키스해야겠지."라고 생각할 것이다. 미국 군인이 데이트 상대인 영국 여성에게 키스하면 그녀는 깜짝 놀란다. "이 남자 뭐지? 소름 끼치네. 조금 과한 거 같아. 아직 키스할 단계는 아닌데."라고 생각한다. 더군다나 의식적으로든 무의식적으로든 구애 과정에서 20개의 단계를 그냥 뛰어넘어 속임을 당한 것처럼 느낀다.

하지만 그녀는 이제 결정을 내려야 한다. 관계가 너무 빨리 진전되었으므로 더는 남자를 만나지 않거나, 아니면 다섯 단계밖에 남지 않았으므로 잠자리를 가질 준비를 해야 한다. 남자의 관점에서 봐도 상황은 똑같이 혼란스럽다. 상대가 과민반응을 하는 여자처럼 보인다. 이 이야기의 교훈은 우리 인생이 게임이라면, 각각의 문화는 다른 규칙을 만든다는 사실이다. 종종 우리는 우리의 인식과 행동이 문화로부터 얼마나 많은 영향을 받는지 잘 알지 못한다.

요약

현명한 바보는 속임수를 조심하라고 말한다. 누군가 자신의 의도를 당신에게 숨겼을 가능성이 있는가? 현명한 바보는 또한 당신이 세상에 대해 진짜 객관적인 견해를 가지고 있다고 믿는 다면 자신을 속이는 것이라고 말한다. 현실은 당신은 당신이 인정하고 싶은 것보다 더 많은 편견과 무의식적 가정으로부터 영향을 받는다. 현명한 바보는 "나 자신을 어떻게 속이고 있을까? 내 생각보다 이 문제를 이해하는 능력이 떨어지는 건 아닐까? 내가 진실이라고 믿는 것 가운데 사실이 아닌 것은 무엇일까? 내가 잘못 생각하지는 않았을까?"라고 자문해 보길 권한다.

현명한 바보는 교육자 닐 포스트만의 이름을 딴 '포스트만의 법칙'을 기억하는 것도 좋은 방법이라고 말한다.

언제가 되었든 당신이 처리해야 할 쓰레기의 주요 출처는 바로 당신 자신이다.

17장.
나는 무식하다!

• • •

"웰링턴 장군은 그다지 뛰어나지 않고 영국군도 형편없으니

점심시간 전까지 이 문제를 해결하겠다."

— 나폴레옹 보나파르트, 프랑스 군인이자 황제

워털루 전투 발발 몇 시간 전인 1815년 6월 18일 아침 식사 자리에서 나폴레옹 보나파르트는 위에서 인용한 발언을 통해 자신의 장군들을 교만하게 만들고 안심시켰다. 그날 저녁 해 질 무렵, 나폴레옹의 군대는 패배했다. 며칠 뒤 나폴레옹은 남대서양의 외딴 섬 세인트헬레나에 유폐되었고 몇 년 후 생을 마감한다.

현명한 바보는 창의적인 사람으로 성공하려면 자신감이 필수

라고 생각한다. 새로운 것을 만들 때 우리는 실패와 좌절을 맛보게 되고 조롱과 거절을 당하기 때문이다. 따라서 참을성 있게 자기 생각을 현실로 만들기 위해서는 자신의 가치를 확고하게 믿어야 한다.

하지만 본인 역량에 대한 건전한 자신감과 오만함은 종이 한 장 차이다. 계속해서 성공을 거두다 보면 성공 공식을 알아냈으니 이제 더 이상 실수하지 않는다고 믿고 싶은 유혹에 빠진다. 이것은 우리의 판단력을 흐리게 만든다. 현명한 바보가 앞서 지적했듯이 끊임없이 변화하는 세상에서는 정답이라고 여겨졌던 생각도 언젠가는 정답이 아니기 마련이다. 오만한 태도로 우리는 신념과 모순되는 다양한 관점과 정보에 주의를 기울이지 않는다. 우리는 야유를 걸러내고 만세에만 더 집중한다. 다른 사람들과 같은 제약을 우리는 받지 않는다고 생각한다.

1986년 체르노빌(우크라이나) 원자로가 녹아서 폭발하기 직전에 존경받는 전문가로 구성된 이 원자로의 엔지니어링 팀이 운영 우수성을 인정받아 유명한 상을 받았다. 이 팀은 자신들이 따라야 하는 안전 수칙이 본인들처럼 경험 많은 전문가에게 너무 까다롭게 설계되었다고 여겨서 원자로 실험을 하는 동안 그 안전 수칙들을 무시했다. 그 결과 많은 사람이 죽었고 미래 세대에게 잠재적인 피해를 주는 큰 참사가 발생했다.

자신이 만든 제품에 대한 확신이 너무 강해 고객의 말에 귀를 기울이지 않았다가 얼마 지나지 않아 제품에 수요가 없어진 기업들을 한번 생각해 보자. 전쟁의 역사도 마찬가지다. 아프가니스탄의 알렉산더, 러시아에서의 히틀러, 러시아에서의 나폴레옹, 인도차이나에서 프랑스, 베트남전에서 미국, 아프가니스탄에서의 소련처럼 성공에 도취한 나머지 전투에서 지나치게 욕심을 내다가 도를 넘은 군사 지도자들로 가득하다. 중국인들은 몽골에 정복당하기 직전까지 자신들이 우월하다고 확신했다. 아즈텍과 잉카도 스페인 사람들이 도착하기 전에는 비슷하게 생각했다. 오만함을 뜻하는 고대 그리스어는 휴브리스hubris로, 몰락의 전조로 여겨졌다. 신에게 도전할 만큼 교만한 자는 신이 불태울 것이다. 해가 지면 밤이 오듯 오만하면 멸망이 뒤따른다. 실제로 현명한 바보는 고대 그리스 철학자 헤라클레이토스의 2500년 전 정서에 강하게 동의한다.

활활 타오르는 불보다 오만을 먼저 꺼야 한다.

100년 전 사람들이 믿었던 신념, 특히 그 당시 사람들이 매우 확신했던 사실들을 생각해 보자. 그중 여전히 신뢰할 수 있는 것이 얼마나 있는가? 30년 전의 신념들은 어떤가? 그 신념들이 얼마나 오래가는가?

예를 들어 플로리안 폰 도너스마르크Florian von Donnersmarck 감독의 2006년 영화 「타인의 삶」은 동독의 국가 보안국인 스타시가 공포에 질린 나머지 1980년대에 자국민(이 영화에서는 유명한 극작가)들을 어떻게 파렴치하게 감시했는지에 대해 상세하게 묘사한다. 아파트 곳곳에 도청 장치를 숨기고 사람들이 친구들과 어떤 죄가 될 만한 대화를 하는지 엿듣는다. 다시 현재로 돌아와 보자. 그 시대의 스타시 직원이 현재로 와서 사람들이 알렉사, 시리 같은 장치를 사서 자기 집에 설치해 멀리 있는 컴퓨터를 통해 활동을 관찰할 수 있을 뿐만 아니라 GPS 위치추적기를 주머니에 넣고 다닌다는 사실을 알게 된다면 얼마나 놀라울까!

역사를 지침으로 삼아 살펴보면 오늘날 우리가 진실이라고 간주하는 부분의 상당수가 한 세기 이후에는 진실이라고 여겨지지 않을 가능성이 크다. 우선 우리가 알고 있는 많은 도구가 크게 변할 것이다. 이는 우리가 진실이라고 주장하는 사실에 얼마나 많은 확신을 부여하는지 잠시 멈출 수 있게 해준다. 또한 현명한 바보 같은 관점에 겸손함을 갖추는 것이 좋은 또 다른 이유를 알려준다. 실제로 겸손은 문제를 해결하는 훌륭한 도구이다. 역사상 가장 위대한 현명한 바보 소크라테스는 겸손을 철학 탐구의 출발점으로 삼았다.

내가 아는 것은 내가 아무것도 모른다는 사실이다.

지식의 한계를 깨닫고 겸손해질 때 그리고 확고한 신념을 제쳐놓을 수 있을 때 우리는 다른 접근법에 마음을 더욱 열게 된다. 겸손의 반대인 오만에는 많은 폐해가 있다. 그 가운데 가장 큰 폐해는 기존의 관점을 방어하는 것이다. 겸손한 마음가짐은 우리 자신을 뛰어넘는 선하고 위대한 존재가 있음에 감사하고 그들에게서 기꺼이 배우려는 자세를 취하게 한다. 고대 중국의 교육자 공자도 비슷한 생각을 했다.

자신이 무지하다는 사실을 아는 사람이
진정한 지식인이다.

투자자이자 철학자인 나심 니콜라스 탈레브Nassim Nicholas Taleb 는 겸손한 마음가짐이 아이디어를 탐색하고 결정을 내리는 데 유용하다는 사실에 동의한다. "우리는 아무것도 모르고 실수하기 쉬운 바보 집단이지만, 우연히 그 사실을 아는 드문 특권을 부여받았다. 나는 이 점을 모두에게 설득하면서 우리 회사의 모든 회의를 시작한다."*

당신이 계속해서 고압적이고 강력한태도를 보인다면 당신과 함께 일하는 사람들은 당신의 코를 납작하게 만들 방법을 찾아낼 것이다. 18세기 소프라노 아드리아나 페라레제Adriana Ferrarese는 이 점을 염두에 두어야 했다. 이탈리아의 극작가 로렌초 다 폰테Lorenzo Da Ponte는 1790년 오페라 「여자는 다 그래Così fan tutte」의 주연 중 하나인 피오르딜리지 역을 자신의 정부인 페라레제를 위해 썼다. 오페라에서 주역 여성 성악가가 되면 사람이 오만해질 수 있다. 게다가 페라레제는 폰테의 연인까지 되었고, 사람들이 그녀를 참을 수 없을 지경에 이르렀다. 하지만 이 오페라의 작곡가는 다름 아닌 볼프강 아마데우스 모차르트였으며, 모차르트는 페라레제를 좋아하지 않았다. 모차르트는 이전 오페라 「피가로의 결혼」에서 이미 페라레제와 함께 작업했으며 그녀의 무리한 요구 사항과 터무니없는 행동을 견뎌야 했다. 그래서 모차르트는 어떻게 대응했을까? 음악을 통해 자연스럽게 대처했다! 페라레제는 낮은음을 부를 때는 고개를 숙이고 높은음을 부를

---

* 20세기 유대인 철학자 마르틴 부버(Martin Buber)도 비슷한 철학을 가지고 있었다. 다음은 랍비 심차 부닌의 견해에 대한 부버의 논의를 의역한 것이다. "당신은 필요에 따라 손을 뻗을 수 있는 두 개의 주머니가 있어야 한다. 오른쪽 주머니에는 '나를 위해 세상이 창조되었다'라는 문구를, 왼쪽 주머니에는 '나는 티끌과 재다'라는 문구를 적어두라. 상황에 따라 두 문구 모두 도움이 될 것이다. 만약 당신이 자신감을 느끼고 싶다면 오른쪽 주머니를 뒤져라. 그러나 가끔은 겸손으로 정신이 번쩍 들도록 왼쪽 주머니를 들여다봄으로써 균형을 잡아야 한다." 부버는 이런 접근법을 사용하면 우리가 지나친 오만으로 인해 도를 넘는 것을 방지할 수 있다고 생각했다.

때에는 고개를 높이 드는 특이한 버릇이 있었다. 모차르트는 재미로 피오르딜리지의 대표 아리아인 「바위처럼」을 높은음과 낮은음이 번갈아 나오도록 작곡했다. 모차르트와 다른 출연진들은 페라레제가 공연하는 동안 닭처럼 머리를 위아래로 까딱거리는 모습을 보며 즐거워했다.

요약

현명한 바보는 과거의 성공, 특히 그 성공이 "나는 실패하지 않아."라는 믿음을 낳으면 성공이 우리 판단에 어떤 영향을 미치는지 살피라고 경고한다. 오만함은 우리가 무엇을 하든 원하는 결과를 얻을 수 있다고 생각하게 만든다. 자신에게 물어보라. "내 자부심이 내가 판단하는 데 어떤 부정적 영향을 미치는가? 성공으로 인해 대안적 접근 방식을 전보다 적게 수용하는가?" 로마 스토아학파 철학자인 세네카가 자신을 갈고닦는 방법을 기억하라. "바보를 보고 싶다면 거울을 보기만 하면 된다."

18장.
의도하지 않은 부분까지 생각하라

· · ·

"우리가 살면서 경험하는 유일한 철칙은
의도하지 않은 결과의 법칙이다."

― 이안 테터살Ian Tattersal, 영국·미국 고인류학자

현명한 바보는 우리가 사는 세상의 구조가 복잡하고 계속해
서 변화하며 종종 인간이 파악할 수 있는 한계를 넘어서는 힘으
로 유지된다는 것을 알고 있다. 따라서 생각하는 바를 실천하다
보면 때때로 우리가 원하는 것과 반대되는 의도하지 않은 결과
를 초래할 수 있다. 마치 우주가 시작한 사건의 결과를 통제할 수
있다고 생각하는 우리의 어리석음을 비웃는 것 같다.

이런 생각은 인간의 정신 깊숙이 박힌 듯하다. 미다스 왕의 이야기를 기억하는가? 신화에 따르면 미다스는 금을 너무 사랑한 나머지 디오니소스 신이 한 가지 소원을 들어주겠다고 제안했을 때 자신이 만지는 모든 것을 금으로 변하게 해달라고 요청했다. 처음에는 부를 창출하는 자신의 능력에 기뻤지만, 이내 음식을 먹을 수 없고 사랑하는 사람을 만지면 그들이 생명을 잃는 것을 알았다. 미다스는 의도하지 않았음에도 원하는 것을 얻으려 할 때 바람직하지 않은 결과를 초래할 수 있다는 사실을 깨달았다. 이런 현상을 잘 보여주는 몇 가지 예를 살펴보자.

선두를 달리고 있는 조정팀 코치가 올림픽을 준비하면서 선수들에게 마음 챙김 기술을 가르치기 위해 명상 강사를 초대했다. 코치는 명상 훈련을 통해 선수들의 노 젓기 효율성과 단합력을 높이고 싶었다. 선수들이 명상을 더 많이 배울수록 더욱더 동시에 잘 움직였고 부드럽게 노를 저었으며 저항도 줄어들었다. 코치가 원하던 대로였다! 하지만 역설적으로 팀의 성적은 나빠졌고 속도도 더 느려졌다. 선수들은 승리보다 화합에 더 많은 관심을 쏟았기 때문이었다. 결국 코치는 명상 선생님을 해고했다.

1900년대 초반에 옐로스톤 국립공원과 그 근처에서 늑대가 동물들을 위협했다. 이 심각한 위협에 맞서기 위해 연방 정부는 늑대 개체 수를 성공적으로 근절하는 '반 포식자' 프로그램을 시행했다. 그러나 그 후 몇 년 동안 늑대가 없어지면서 엘크가 번식했고 엘크는 그 지역의 사시나무 묘목과 기타 식물들을 다 먹어 치웠다. 이로 인해 비버와 새들의 고유 서식지와 먹이가 사라졌다. 비버가 만든 연못이 사라지고 새들이 씨앗을 퍼뜨리지 않으면 봄에 자라는 다육식물이 매우 줄어드는데 이는 겨울잠에서 깨어난 회색곰의 먹이가 현저하게 줄어든다는 것을 의미했다. 간단히 말해 늑대를 없애서 그 지역의 많은 생태계가 망가졌고 그 지역의 생물학적 활력과 경제적 행복도 심각하게 무너졌다.[*]

1906년 스탠더드석유회사 사장인 존 록펠러가 여러 약탈적 사업 관행을 자행했다는 내용을 상세하게 기술한 부정적인 신문 기사가 발표되었다. 이후 여론은 거대 석유신탁회사와 재계 거물에게 단호하게 등을 돌렸다. 단호한 처벌을 요구하는 포퓰리즘 세력의 기대에 부응해 시어도어 루즈벨트 대통령과 몇몇 주의 법무장관이 거대 석유 기업의 독점을 추적하기 위해 셔먼 독점금지법을 사용했다. 그들은 1870년대로 거슬러 올라가 록펠러와 스탠더드석유회사의 유착 혐의를 처벌하고자 했다. 1911년 미국 대법원은 스탠더드석유회사를 30개의 소규모 회사로 나누

---

[*] 1995년에 이 지역에 회색늑대를 다시 들여오면서 사시나무와 버드나무 사이에 새로운 성장 식물이 늘어나고 비버 개체 수가 증가했으며 결과적으로 습지와 연못 서식지도 개선되었다.

라고 명령했다. 판결 이후 분할이 진행되면서 반독점주의자들이 기대했던 것과는 전혀 다른 양상이 펼쳐졌다. 1900년 이전의 스탠더드석유회사는 주로 등유 램프용 연료를 공급하는 등유 대기업이었다. 하지만 1910년 무렵 석유 산업은 자동차 구매 호황으로 인해 석유 회사들이 휘발유를 대량으로 판매하기 시작하면서 큰 전환을 맞이했다. 이 해체로 인해 새로 설립된 회사는 새로운 사업 기회에 집중하는 것을 더디게 만들었던 오랜 고위 관리자들을 해고할 수 있었다. 결과적으로 이 소규모 회사들은 1900년 이전의 스탠더드석유회사보다 더 민첩하고 공격적인 회사로 탈바꿈할 수 있었다. 실제로 분할된 새 회사 중 상당수가 대기업으로 성장했다. 뉴저지주의 스탠더드석유회사는 나중에 엑손Exxon이 되었다. 뉴욕의 스탠더드석유회사는 모빌Mobil이, 인디애나주의 스탠더드석유회사는 아모코Amoco가, 캘리포니아의 회사는 쉐브론Chevron이 되었다. 1911년 미국 연방최고재판소로부터 받은 해산 명령은 록펠러를 처벌하기보다 오히려 보상을 제공한 셈이다. 록펠러의 순자산은 다음 해에만 두 배로 증가했으며, 그다음 해에는 현저하게 증가했다.[*] 이처럼 독점 금지 조치는 살아남은 기업을 활성화하는 동시에 세계 최고 부자를 더 부유하게 만드는 역설적인 결과를 낳았다.

1979년에서부터 1988년까지 지속된 소련-아프가니스탄의 전쟁 기간 중 구소련은 민간인들에게 잔인한 공격을 퍼부었고 이렇게 함으로써 아프간 사람들을 위협해서 굴복시킬 수 있다고 생각했다. 하지만 역설적이게도 이런 공격은 예상치 못한 정반대의 결과를 낳았다. 아프가니스탄 전사들은 전통적으로 가족을 보호하기 위해 집 근처에 머물렀다. 구소련이 아프간 여성과 아이들을 난민수용소로 몰아넣자 아프간의 무장 게릴라 조직인 무자헤딘은 가족을 보호할 책임에서 벗어날 수 있었고 이는 무자헤딘을 더 강력한 적수로 만들었다. 이 저항 단체가 1990년대, 2000년대, 2010년대, 2020년대를 지나면서 알카에다, 탈레반, IS 같은 반서방 지하디스트[**] 단체로 변모하였고 한때 아프가니스탄 전사들을 위해 자금을 지원했던 미국은 그 아프간 전사들을 토벌하기 위해 돈을 쓰고 있다.

한 집단을 돕기 위해 고안된 선의의 법률이 결국 그 집단뿐만 아니라 다른 집단에게도 피해를 줄 수 있다. 예를 들어 2020년 캘리포니아주는 수십만 명의 차량 공유 기사나 배달 기사를 독

---

[*] 역사학자 론 처노(Ron Chernow)에 따르면 이 기금으로 인해 록펠러 재단은 의학 연구, 교육, 특히 역사적인 흑인 대학(HBCU)을 지원하는 등 주요 수혜자들에게 막대한 금액을 지원할 수 있었다.

[**] 지하드는 '수행하는 사람'이란 뜻으로 지하드는 성전을 의미한다. 이슬람 무장 단체들은 스스로 지하디스트라고 칭한다.

립 계약자가 아닌 직원으로 재분류하는 데 중점을 둔 노동법을 제정했다. 일명 AB5 Assembly Bill 5라고 불리는 이 법은 세간의 이목을 끌었다. 입법자들은 이 법이 근로자들에게 건강보험, 유급휴가 및 다른 혜택을 받을 수 있는 자격을 부여해 근로자들이 일하는 데 도움이 될 것이라고 여겼다. 이 법은 많은 운전자가 독립성, 특히 스스로 일정을 짜는 자유를 누렸다는 사실에도 불구하고 통과되었다. 완전히 예측할 수는 없었지만 가장 우려되는 부분은 이 법이 다른 많은 임시 근로자들을 재분류 대상에 포함한다는 점이었다. 이런 근로자들로는 프리랜서 기자, 마술사, 번역가, 코미디언, 프로그래머, 디자이너, 배우, 물리 치료사 등이 포함된다. 많은 기업이 AB5 조치를 구현하는 데 너무 큰 비용이 든다는 사실을 파악했고 서비스직 일자리를 줄이기로 하면서 많은 사람이 일자리를 잃었다.

또한 정보를 검열하거나 숨기려는 시도가 오히려 그 정보를 더 널리 알리는 등 의도하지 않은 결과를 초래하는 현상을 말하는 '스트라이샌드 효과'도 있다. 배경은 이렇다. 2003년 사진 작가 케네스 아델만Kenneth Adelman은 정부를 위해 토양 침식을 기록하는 캘리포니아 해안선 기록 프로젝트를 위해 1만 2천 장이 넘는 항공 사진을 촬영했다. 그 과정에서 유명 가수이자 영화배우인 바브라 스트라이샌드Barbra Streisand 소유의 말리부 저택(단순히 '이미지 3850'이라고 표기됨)이 일부 사진에 포함되었다. 자신의 집이 촬영됐다는 사실을 안 스트라이샌드가 사생활 침해를 주장하며 사진 삭제를 요청했고 이는 소송으로 이어졌다. 스트라이샌드가 소송을 제기하기 전에 아델만의 사진의 다운로드 횟수는 6번에 불과했다. 하지만 그녀가 소송을 제기했다는 사실이 사람들의 관심을 끌면서 소송 제기 한 달 만에 이 사진의 다운로드 횟수는 50만 번이 넘었다!

현명한 바보는 일이 커지거나 수가 늘어나면 복잡하고 새로운 삶이 시작되고 예상치 못한 심지어 바람직하지 않은 일들이 발생할 수 있다고 생각한다. 작용 방식은 다음과 같다. 4인용 딸기 쇼트케이크 요리법이 있다. 어느 날 당신은 이 디저트를 먹기 위해 일곱 명의 친구를 초대한다. 케이크를 만들려면 단순히 요리법에 나와있는 재료를 두 배로 늘리면 된다. 또 다른 경우 딸기 쇼트케이크를 나눠 먹기 위해 친구를 한 명 초대한다면 요리법에 나온 재료 비율을 반으로 줄이면 된다.

이제 5만 명을 딸기 쇼트케이크 모임에 초대한다고 가정해보자. 이 시점이 되면 당신이 직면한 가장 큰 문제는 요리법과는 관련이 없다. 시장에서 딸기 사기, 충분한 크림을 제공하기 위해 트럭 운전사와 거래하기, 교통정리, 의자와 탁자, 그릇과 숟가락 등 필요한 물품을 대용량으로 임대하기 등의 문제에 직면한다. 프로젝트와 아이디어가 커지면 이와 같은 일이 발생할 수 있다. 원래 계획에서는 상상조차 하지 못했던 다양한 문제가 발생한다.

'딸기 쇼트케이크' 현상을 보여주는 최근 예로 경제학자 마크 레빈슨Marc Levinson이 기록한 21세기 첫 20년 동안의 컨테이너선 크기 증가를 들 수 있다. 2003년 세계 무역 성장률이 최고조에 달하면서 덴마크의 거대 해운 회사 머스크Maersk는 현재 운항하고 있는 선박보다 50퍼센트 더 큰, 거대한 '유로맥스'급 컨테이너선 건조를 의뢰했다. 이 거대한 컨테이너선의 규모는 축구장 4개가 넘는 길이로 만 2천 TEU(TEU는 20피트의 표준 컨테이너 크기를 나타내는 단위로 컨테이너와 관련된 모든 통계의 기준으로 사용됨. 만 2천 TEU는 12미터 트럭 6천 대를 충분히 실을 수 있는 크기임) 이상의 컨테이너를 운송할 수 있었다. 머스크는 세계 무역 성장이 계속 견실할 것이며 운송 능력이 향상된 거대한 선박은 회사에 엄청난 가격 경쟁력을 제공할 것이라고 확신했다.

머스크의 경쟁자들 역시 가만히 있지 않았다. 경쟁자들도 자체적으로 대형 선박을 주문했고, '거대한 선박 군비 경쟁'이 시작되었다. 그로부터 10년 뒤인 2013년에는 만 8천 TEU를 수송할 수 있는 컨테이너선이 취항했고, 이후 2만 3천 TEU를 수송할 수 있는 선박이 발주되었다. 이런 거대주의는 곧 항구로 퍼져나갔다. 초대형 선박을 수용하려면 선적 터미널을 확장해야 했다. 이는 부두를 늘리고, 건물 15층 높이까지 올라가는 더 큰 크레인을 추가하고, 수천 개의 추가 컨테이너를 저장하기 위한 구역을 많이 만드는 것을 말한다. 더 넓은 운하, 더 깊은 항구, 더 높은 다리 등 다른 기반 시설들도 개조해야 했다. 이 거대한 집결지 안에서 컨테이너를 내리고 싣는 과정은 2003년 이전 소형 선박과 비교했을 때 더 오래 걸렸다. 그 결과 대형 컨테이너선들은 종종 일정보다 늦게 출항해서 고객들이 불만족스러워했다.

2000년대 후반 전 세계의 해운 성장률이 둔화하면서 많은 항구에 선박이 반만 차기 시작했다. 연료비를 절감하기 위해 화물 회사는 선박의 속도를 줄였고 고객들의 잘 구축된 '적시' 공급망에 문제를 일으켰다. 결과적으로 필요 이상으로 훨씬 더 큰 컨테이너선을 만든 셈이다. 머스크사는 초대형 선박으로 인해 큰 부채를 떠안았고 급기야 2010년 중반에는 사업을 유지하기 위해 회사 일부를 매각해야 했다. 레빈슨의 말처럼 만 천 개의 대형 트럭 화물을 운반할 수 있는 배가 필요한지 아닌지는 다시 생각해야 했다. 그러나 현명한 바보의 조언을 받았다면 더 크고 많은 배가 가져오는 예상치 못한 결과에 대해 충분히 대처했을 것이다.[*]

물론 의도하지 않은 결과가 긍정적일 수 있다. 그중 가장 유명한 예로 18세기 스코틀랜드 경제학자 애덤 스미스가 말한 은

유 '보이지 않는 손'을 꼽을 수 있다. 스미스는 각 사람이 자신의 이익을 추구하다 보면 '보이지 않는 손에 이끌려 자신의 의도와는 무관한 목적을 촉진'하게 되고 그 결과 공공의 이익을 증진하는 긍정적인 결과를 가져온다고 주장했다. 스미스는 "우리가 저녁 식사를 하는 것은 정육점 주인이나 제빵사의 자비심이 아닌 그들의 이기심 때문이다."라고 말했다.

때때로 아이디어는 이상하고 예상치 못한 왕복 여행을 만든다. 재미있는 예를 살펴보자. 2000년대 초 소니와 일렉트로닉 아츠 스포츠**EA Sports** 같은 비디오 게임 제조업체는 스포츠 비디오 게임에 사용할 미국 프로 농구**NBA**, 미국 프로 야구**MLB**, 미국 프로 풋볼리그**NFL** 및 유럽 축구 경기들의 음향 효과와 군중들의 반응을 녹음하기 위해 스포츠 팀에 라이선스 비용을 지급했다. 여기에는 환호, 포효, 야유, 구호, "세이브!"라고 외치는 소리 등이 포함되었다. 이 소리의 잡음을 제거하고 정리해서 적절한 시

---

* 머스크사 에피소드의 '더 크게, 더 많이'를 보면 타나하시 카쿠아키가 들려준 불교 우화가 생각난다. 한 남자가 이웃의 저녁 식사에 초대받았다. 그 남자는 식사를 몇 입 먹고는 음식이 "맛이 없다."라고 불평했다. 이웃은 그 남자 음식에 소금을 주었다. 남자는 음식에 소금을 조금 뿌렸고 그 식사가 아주 맛있다고 생각하며 만족스러워했다. "소금을 조금 뿌렸는데도 이렇게 맛있는데 왕창 뿌리면 엄청 맛있겠지."라고 생각한 남자는 식사를 제쳐두고 혼자 소금을 먹기 시작했다. 이윽고 남자는 입에 통증을 느끼며 고통스러워했다.

간에 사용할 다양한 효과음와 호응을 모아 사운드 라이브러리를 만들었다.

2020년 코로나바이러스로 인한 팬데믹 동안 많은 스포츠 행사에서 관중 참석이 금지되었다. 경기장 안 선수들과 TV 시청자들에게 스포츠 경기의 실감 나는 소리를 제공하려면 어떻게 해야 할까? 비디오 게임 회사들은 기회를 포착하고 바로 이 야구장 관중들의 소리를 스포츠 팀들에게 다시 판매했다. 메이저 리그 야구팀들은 공식 비디오 게임에서 나오는 군중 소리를 마치 경기장에서 들리는 것처럼 텅 빈 경기장에 재생했다. 아마 애덤 스미스는 이것이 일터에서 발생하는 '보이지 않는 손'의 예라고 말할 것이다!

요약

현명한 바보는 때때로 문제에 대한 해결책이 상황을 원래보다 더 악화시킬 수 있다고 생각한다. 복잡한 시스템에 개입하면 예상치 못한 결과가 발생할 수 있으며, 바람직하지 않은 결과를 초래하기도 한다. 어떤 방안을 평가할 때 우리 행동이 의도하지 않은 결과, 특히 부정적 결과를 상상하고 예측하려고 노력하라.

19장.
뻔뻔함이란 무기

. . .

"뻔뻔함은 신이 준 선물이다."

— 콘라드 아데나워Konrad Adenauer, 독일 정치가

현명한 바보는 새로운 발상이 위협적일 수 있으며 종종 부정적인 반응을 유발할 수 있음을 알고 있다. 예를 들어 요하네스 케플러가 원 대신 타원을 사용하여 행성 궤도 문제를 정확하게 풀었을 때 처음에는 천문학자들에게 비난을 받았고 갈릴레이에게는 무시당했다. 이그나스 제멜바이스Ignaz Semmelweis가 의사들이 염소 처리된 석회수로 손을 자주 씻으면 환자의 세균 감염을 줄일 수 있다고 제안했을 때 동료들은 그를 비난했다. 동료들은

"손에 죽음을 쥔 채 돌아다닌다."라는 제멜바이스의 표현에 분개했다. 이고르 스트라빈스키Igor Stravinsky가 독특한 화음과 원시적인 리듬으로 구성된「봄의 제전」발레를 처음 선보였을 때 청중들은 폭동을 일으켰다.

마찬가지로 현명한 바보는 자신의 엉뚱한 발상이 불리하게 여겨질 수 있으며 때로는 위협적으로 보일 수 있음을 이해한다. 실제로 현명한 바보는 일부 사람들이 자신의 통찰력에 "너무 이상하다.", "정책에 반대된다.", "비현실적이다.", "말도 안 된다." 같은 의견으로 반응하리라는 것을 알고 있다. 때로는 반대론자들의 의견이 옳거나 현명한 바보의 생각이 어설플 수 있다. 하지만 사람들은 위협을 느끼거나 장점을 찾기 너무 게으른 나머지 엉뚱한 발상을 거부하는 경우가 많다는 사실을 기억해야 한다.

현명한 바보는 자신의 역할을 제대로 하려면 '뻔뻔할' 필요가 있다는 사실을 안다. 그것은 다른 사람들의 반응에 쉽게 기분이 상하거나 화가 나거나 모욕을 당하지 않음을 의미한다. 실제로 뻔뻔함은 현명한 바보를 이해하는 데 도움이 된다. 현명한 바보는 자신에게 영향을 미치도록 허용할 때만 유일하게 영향을 받기 때문이다. 미국의 노예 폐지론자 프레드릭 더글러스Frederick Douglass는 올바른 태도를 보이며 비아냥거림과 조롱을 견뎠다. "남들에게 비웃음을 당하더라도 거짓되기보다는 나 자신에게 진실하고 자신을 혐오하는 편이 더 낫다."

현명한 바보는 다른 사람이 당신에 대해 어떻게 생각하는지 지나치게 신경을 쓴다면 독특한 관점을 표현하거나 논의를 부추기는 색다른 발언을 하는 데 어려움을 겪으리라 생각한다. 다른 사람들의 비판과 무관심, 조롱으로부터 자신을 정서적으로 보호할 수 있다면 대안을 더 쉽게 제시할 수 있다고 말한다.

영화 「아라비아의 로렌스」 초반에 이런 '무신경한' 사고방식을 유쾌하게 잘 포착한 장면이 나온다. 영화에서 로렌스가 동료 군인의 담배에 불을 붙인 뒤 손가락에 쥐고 있는 성냥이 완전히 타들어 가는 것을 아무렇지도 않게 지켜본다. 그걸 보고 다른 병사도 따라 해보지만 손에 화상을 입고 비명을 지른다. "아야, 너무 아프다. 도대체 어떻게 한 거야?" 로렌스는 이렇게 대답한다.

당연히 아프지. 요령은 아프다는 데 신경을 쓰지 않는 거야.

로렌스의 말을 빌리자면 무신경한 사람이 되는 비결은 우리가 현명한 바보처럼 행동할 때 받는 모욕이나 침묵과 비판에 개의치 않으며 그런 부정적인 반응이 흔히 있다고 인정하는 것이다. 실제로 다른 사람들이 어떻게 생각하든 거기에서 얻을 수 있는 결과가 전혀 없다고 생각하면 당신은 상당히 자유로울 수 있다. 물리학자 리처드 파인만이 종종 사용했던 방법으로 그는 "다른 사람이 어떻게 생각하든 무슨 상관이야?"라고 말하곤 했다.

파인만은 이렇게 하면 다른 사람의 관심사와 의제를 중심으로 사고하는 것을 방지할 수 있다고 생각했다.

요약

현명한 바보는 인지 도구 키트 목록을 작성할 때 냉철한 재치, 모호한 견해, 겸손함, 장난기 넘치는 태도, 명백한 사실을 파악하는 것만큼 뻔뻔함이 중요하다는 사실을 알고 있다. 남들의 시선에 지나치게 민감하면 색다른 방식으로 세상에 접근하는 용기가 줄어든다고 생각한다. 현명한 바보는 "어떤 부정적인 반응이 나타날 것 같아? 어떻게 그 부정적인 반응을 피해서 감정적으로 영향을 안 받을 수 있을까?"라고 말한다. 현명한 바보는 반대 의견을 본인 행복에 대한 위협으로 보지 않는다. 현명한 바보는 농담을 제외하고는 "그러기엔 내가 너무 민감해. 기분이 조금 상하네."라고 말하지 않는다.

20장.
환상을 버려라

. . .

"환상을 버린다면

새로운 진리를 발견하는 것보다 더 현명해질 수 있다."

— 루트비히 뵈르네Ludwig Börne, 독일 철학자

현명한 바보가 자신의 철학 중 많은 부분을 이끌어가는 길잡이 신념을 가지고 있다면 아마 위에서 인용한 19세기 독일 철학자 루트비히 뵈르네가 한 말과 비슷할 것이다. 실제로 모든 전략은 우리에게 하나의 사고방식을 버리고 대안을 찾으라고 권한다.

현명한 바보는 우리가 진실이라고 믿지만 실제로는 환상인

내용들을 지적하는 것이 자신의 임무라고 여긴다. 미국의 유머 작가 윌 로저스Will Rogers가 말했다.

**우리는 어떤 사실을 몰라서가 아니라
그렇지 않다는 사실을 모르기 때문에 문제가 발생한다.**

현명한 바보는 한때 유익하다고 생각했지만 더는 유효하지 않은 아이디어를 버리려면 어느 정도 겸손이 필요하다는 것을 알고 있다. 흘려버려야 지혜를 얻을 수 있다.

사실이라고 믿었던 어떤 것이 환상으로 판명된 전형적인 예를 살펴보자. 문명 초기부터 인류의 가장 기본적 진리는 태양이 지구 주위를 돈다는 것이었다. 현관문을 나서는 경험을 통해 그 사실을 확인할 수 있었다. 매일 해가 동쪽에서 뜨고 정오에는 머리 위로 높게 원을 그리다가 나중에 서쪽으로 진다. 수천 년 동안 사람들은 이 상식이 진리라고 여겼다.

이런 인식은 16세기 중반 폴란드 성직자 니콜라우스 코페르니쿠스가 죽은 뒤 그의 연구가 출판되면서 바뀌었다. 코페르니쿠스는 태양이 지구 주위를 공전하는 것은 지구가 자전축을 중심으로 매일 회전하면서 생겨난 환상일 뿐이라고 가정했다. 또한 지구가 태양 주위를 돌고 있지, 그 반대가 아니라고 주장했다.

코페르니쿠스의 생각은 처음에는 비웃음을 샀다. 하지만 갈릴레이, 케플러, 뉴턴을 포함한 후대 과학자들은 지구 중심주의라는 환상을 버리면 진리에 의문을 제기할 수 있고, 과거 가정을 재검토하며, 데이터를 재해석하고, 더 나은 설명을 찾아 궁극적으로 새로운 진리를 발견할 수 있다는 사실을 깨달았다. 오랫동안 간직해온 진실이 환상으로 판명된다면 새로운 발견을 통해서도 이와 같은 일이 일어날 수 있음을 알아차릴 때 우리는 진정한 깨달음은 얻을 수 있다. 이는 상당한 통찰력으로 당신이 발견한 모든 진실은 일시적일 수 있으며, 궁극적으로 환상에 불과할 수도 있다. 다시 한번 이런 인식은 우리의 견고한 지식에 겸손이 필요함을 말해준다.

실제로 현명한 바보는 살면서 우리가 진리라고 여기는 많은 것들이 환상에 불과하다고 주장한다. 삶의 한 부분에서는 진리였던 믿음이 다른 부분에서는 그저 웃음거리일 수 있다. 그것들은 흘려보내야 한다. 예를 들어 어렸을 때 내 생각을 지배했던 몇 가지 신념이 있었다.

- 노력과 훈련을 계속한다면 나는 세계적인 수영 선수가 될 수 있다.
- 대학은 '마음의 삶'을 개발할 수 있는 최고의 환경을 제공

한다.

- 정부는 국민의 이익을 최우선으로 여긴다.
- 전문가는 공공 정책 결정에 크게 의존해야 한다.
- 디자인이 좋고 잘 설계된 제품은 일반적으로 시장에서 성 공을 거둔다.

나는 생생한 경험을 통해 이런 믿음이 적어도 나에게는 환상이라는 사실을 알게 되었고 그것들을 떨쳐버렸다. 이를 통해 나를 더 적절하게 인도해 주는 아이디어를 찾을 수 있었다. 특히 이러한 과정은 가족, 육아, 관계, 정치, 사업, 디자인, 영성 문제에 관한 생각을 하면서 여러 차례 반복되었다. 마크 트웨인은 이렇게 말했다.

**인생에서 가장 과대평가된 즐거움은 성관계이고
가장 과소평가된 쾌락은 배변이다.**

트웨인은 기존에 소중하게 여겼던 생각을 버리면 새로운 생각을 찾을 자유를 얻기 때문에 상당한 해방감을 맛볼 수 있다는 사실을 알고 있었다.

요약

현명한 바보는 우리 세계관에 우리 생각보다 더 많은 오해가 있다고 생각한다. 우리는 이런 자문을 해봐야 한다. "우리가 가진 환상은 무엇이 있으며 이를 버릴 수 있는가? 무시할 수 있는 통념은 무엇인가?"

제3부

당신만의
현명한 바보 전략
활용하기

내 생각에 가장 똑똑한 사람은
적어도 한 달에 한 번은
자신을 바보라고 부르는 사람이다.

— 표도르 도스토옙스키Fyodor Dostoyevsky, 러시아 소설가

1장.
나의 전략을 예언처럼 활용하기

• • •

내가 현명한 바보 전략을 사용하는 데 좋아하는 방법 하나는 전략들을 신탁의 예언으로 여기고 상의하는 것이다. 이 방법을 사용하면 '영감을 빠르게' 얻을 수 있다. 잠시 시간을 내서 신탁이 하는 일을 알아보자. 수천 년 동안 여러 문화권에서는 이 직관적인 도구를 독자적으로 개발해 왔다. 몇 가지 예로 고대 중국의 역점,* 이집트의 타로, 북유럽의 룬 문자,** 북미 인디언의 치유의

---

* 일의 길흉을 판단하는 점.
** 게르만 민족 고유의 문자로 점술 도구로 사용되기도 한다.

바퀴Medicine Wheel[*]를 들 수 있다. 이런 도구를 사용해서 득을 봤을 수도 있다.

신탁은 대부분 질문자가 무작위로 하나 또는 여러 개 고른 일련의 메시지로 구성된다. 신탁에 질문을 던지는 목적은 미래를 알아보려는 것이 아니라 질문자가 문제를 다룰 때 자신의 직관을 더 깊이 파고들 수 있도록 하기 위해서다. 다음은 신탁 자문과 관련된 요소들 가운데 일부 예를 보여준다.

예전에 부족을 위해 사냥 지도를 만드는 일을 하는 인디언 치료 주술사가 있었다. 사냥감이 부족할 때마다 그 의사는 신선한 가죽 한 조각을 햇볕에 말리곤 했다. 그런 다음 가죽을 접어서 손으로 비튼 뒤 가죽을 붙잡고 기도를 올린 다음 가죽을 무두질했다. 그렇게 하고 나면 생가죽에 십자 모형의 선과 주름이 생겼다.

치료 주술사가 가죽에 몇 가지 기준점을 표시하고 나면 짜잔! 새로운 사냥 지도가 만들어졌다. 가죽에 생긴 주름은 사냥꾼이 따라가야 할 새로운 길을 말한다. 사냥꾼들이 지도에 새로 나타난 길을 따라갈 때마다 풍부한 사냥감을 찾았다.

교훈: 가죽이 무작위로 접힌 자국에 사냥길이 나타나도록 함

---

* 인디언 문화에서 영적인 의식을 치를 때 활용, 창의력 후려치기 팩(저자가 만든 게임).

으로써 사냥꾼들이 전에 보지 못한 새로운 장소를 찾게 했다.

나 역시 비슷한 방식으로 현명한 바보 전략을 예언처럼 사용할 수 있다고 생각한다. 이 간단한 단계를 하나씩 살펴보도록 하자.

첫 번째 단계: 새로운 관점을 원하는 특정 질문이나 주제나 문제가 필요하다. 예를 들어 주술 치료사는 사냥감을 찾을 수 있는 새로운 장소를 찾고 싶어 했다. 현재 작업 중인 문제일 수도 있고 결정을 내려야 하는 문제일 수도 있다. 수용 가능한 상태가 되도록 마음을 비워라. 이제 질문을 말한다. 이를테면 이렇게 물어보자. **"지금 내가 처한 상황을 이해하려면 무엇에 집중해야 할까?"**

두 번째 단계: 인디언 주술사가 생가죽 조각을 접고 비틀었던 것처럼 당신 질문에 답을 던져줄 현명한 바보가 필요하다. 이 책에는 그런 답 스무 가지가 담겨있는데 바로 현명한 바보 전략이다. 책을 아무 쪽이나 무작위로 펼쳐서 선택한 전략이 대답이 되는 것이다. 무작위로 전략을 고르는 이유는 무엇일까? 우리는 같은 문제 해결 방식을 반복해서 사용하는 경향이 있어서 보통 비슷한 유형의 답을 내놓는다. 무작위 전략을 선택하면 평상시의

우리라면 하지 않았을 법한 방식으로 문제를 바라볼 수 있고 이는 우리의 사고를 자극해 놀라운 일을 해낼 수도 있다.

또한 구글 검색창에서 1에서 20까지 숫자 중 무작위로 하나를 고를 수도 있다. 음성 인식 서비스 시리siri나 인공 지능 비서 알렉사Alexa에게 임의로 번호를 골라달라고 할 수도 있다. 예를 들어 10번을 뽑았다면 '전략 10. 분명하게 보라'가 그 대답이다. 그리고 해당 페이지를 펼쳐서 자세한 내용을 보면 된다. 아니면 다음 페이지에 나오는 이십면체 모양의 역할 게임 주사위를 굴려도 된다. 혹은 맨 뒤 페이지에 있는 주사위 도안을 오린 후 20면체 모양으로 접어도 된다.

세 번째 단계: 인디언 주술사가 접힌 선을 사냥길로 해석한 것처럼 선택한 전략이 당신이 던진 질문과 어떤 연관이 있는지 자문해 보라. 현명한 바보가 당신에게 조언한다고 상상해 보자. 당신은 그 전략에서 어떤 의미를 찾을 수 있는가?

그 전략이 의미를 갖는 가능한 한 많은 상황을 생각해 본다. 얼마나 현실적인지 혹은 논리적인지는 걱정하지 말자. 상상력을 자유롭게 발휘하는 것이 중요하다. 생각이 잘 떠오르지 않을 때는 그 특정 전략에 대한 내 설명을 읽어보는 것을 추천한다.

각각의 현명한 바보 전략은 적당히 모호하고 유연해서 광범

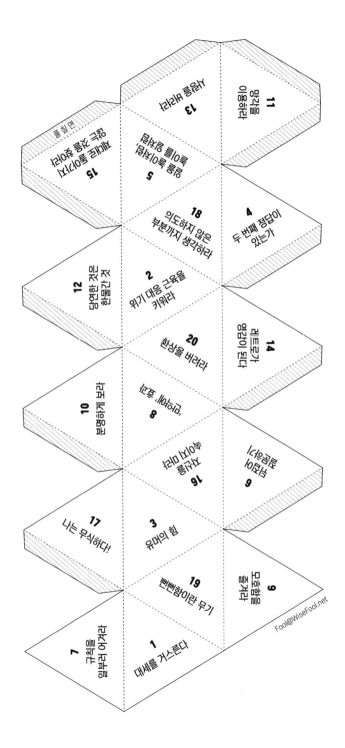

11
양각을 이용하라

13
사랑을 따르라

15
생각을 잘게 쪼개라
하찮은 아이디어를 존중하라

접힐 면

5
막힌 부분 이전으로 되돌아가라

18
의도하지 않은
부분까지 생각하라

4
두 번째 정답이
있는가

12
당연한 것은
한번 의심할 것

2
위기 대응 근육을
키워라

20
환상을 버려라

14
레트로가
다시 돌아온다

10
분명하게 보라

8
'엉뚱해, 좋아'

16
미리 져주는
싸움을 하라

6
질문의
답을 모으기

17
나는 무식하다!

3
유머의 힘

19
뻔뻔함이란 무기

9
모호함을
즐겨라

7
규칙을
일부러 어겨라

1
대세를 거스른다

Fool@WiseFool.net

위한 각종 상황에 다양하게 적용할 수 있다. 따라서 현재 창의적 과정의 어느 단계에 있든지 상관없이 각각의 전략이 당신에게 도움이 될 수 있다. 예를 들어 '전략 4. 두 번째 정답이 있는가'를 살펴보자.

- 정보를 찾고 있는 경우라면 이 전략은 처음으로 찾은 정답 외에 다른 정답을 찾으라고 알려준다.
- 어떤 아이디어를 가지고 놀고 있다면 새로운 의미를 부여하기 위해 그 아이디어를 특이한 상황에 놓으라고 조언한다.
- 개념을 평가하는 경우라면 열린 마음을 유지하고 특정한 하나의 의사 결정 기준에 집착하지 말라고 알려준다.
- 이미 발상을 구현하는 중이라면 게임 계획과 전술을 유연하게 조정하라고 알려준다.

현명한 바보 전략은 대개 즉각적인 반응을 일으킨다. 하지만 때때로 전략 하나를 보고 '이건 내 질문과 아무 상관이 없는 것 같은데.'라고 생각해 묵살하고 싶을 수도 있다. 그렇게 하지 말자! 억지로라도 질문과 전략을 연결해 보라. 처음에 관련성이 무척 적어 보였던 생각들이 가장 중요한 것으로 드러나는 경우가 있다. 당신이 완전히 놓치고 있는 것을 알려주기 때문이다.

따라서 당신이 문제를 다룰 때 '전략 3. 유머의 힘'이 평소 사용하는 접근법이 아니라면 이 전략에 대해 깊이 생각해 봄으로써 질문에 대한 새로운 해석을 얻을 수 있다.

예를 들어 나는 이 책을 쓰는 동안 현명한 바보를 소개하는 구절에서 진도가 나가지 않았다. 무작위로 '전략 13. 사랑을 버려라'를 뽑았고, 현명한 바보 행동과 관련해 특정 이야기에 빠져있었기 때문에 새로운 생각을 할 수 없었다는 사실을 금세 깨달았다. 재미있는 이야기였지만 그 이야기가 전체 이야기의 흐름을 끊고 맥락에 어울리지 않는다는 사실을 알게 되었다. 나는 내가 집착했던 이야기를 버렸고 글쓰기는 순조롭게 진행되었다.

최근 아내가 친척 한 사람과 일정 조율 문제를 해결하기 위해 노력했다. 아내는 현명한 바보와 상의하여 '전략 19. 뻔뻔함이란 무기'를 골랐다. 이후 아내는 자신이 적절하다고 생각한 행동에 다시 전념하고 어떤 비판에도 크게 신경을 쓰지 않기로 했다.

한번은 '전략 11. 망각을 이용하라'를 뽑았다. 나는 그날 다른 프로젝트를 했다. 나중에 더 명확한 관점을 가지고 원래 하던 프로젝트로 돌아가 많은 진전을 이뤘다.

다음 단계로 넘어가 현명한 바보에게 다른 해답을 요청하기 가장 좋은 시기는 언제일까? 현재 대답을 얻었다면 그 시기는 이분이나 두 시간 뒤 또는 이틀 후가 될 수도 있다.

변형: 방금 설명한 절차와 유사하지만 하나가 아닌 두 개의 무작위 전략을 선택한다. 이렇게 하면 각 전략이 서로 다른 전략에 대한 맥락을 제공하고, 질문에 대해 더 구체적으로 생각할 수 있다.

'전략 2. 위기 대응 근육을 키워라'와 '전략 7. 규칙을 일부러 어겨라'를 뽑으면 문제를 지배하는 규칙에 적극적으로 도전하고 심지어 그 규칙을 제거하는 것을 뜻할 수 있다.

'전략 17. 나는 무식하다!'와 '전략 1. 대세를 거스른다', 이 두 전략은 집단의 편안함을 떠나 다른 길을 택할 때 초보자 마음인 겸손함을 지니라는 뜻일 수 있다.

'전략 16. 자신을 속이지 마라'와 '전략 4. 두 번째 정답이 있는가'는 문제가 무엇인지 정확하게 파악했다는 생각은 자신을 기만하는 것일 수 있으므로 문제를 정의할 수 있는 추가적인 방법을 찾으라는 뜻일 수 있다.

'전략 19. 뻔뻔함이란 무기'와 '전략 6. 뒤집어 질문하기'라는 문제와 관련된 주된 통상적인 순서와 방법을 깨고 발생할 수 있는 불편함에 대해 걱정을 덜어내라는 의미일 수 있다.

2장.
일상의 리추얼로 삼기

. . .

현명한 바보 전략을 활용하는 또 다른 방법은 날마다 만트라 mantra로 사용하는 것이다. 만트라가 뭐냐고? 산스크리트어 만트라는 전통적으로 힌두교나 불교 같은 종교적 맥락 안에서 명상하는 동안 명상하는 사람이 외치는 단어나 구절을 말한다. 그러나 최근 수십 년 동안 '만트라'라는 단어는 더 광범위하고 세속적인 의미를 갖게 되었다. 특정 활동을 시도하고 성공하는 적절한 방법에 대한 개인의 철학을 요약하는 일종의 좌우명이나 표어가 되었다. 만트라를 외치면 특정 작업에 대한 목표를 달성하기 위한 올바른 마음 상태를 유지하는 데 도움이 될 수 있다.*

현명한 바보처럼 생각하려면 아침에 전략을 선택해 '오늘의

만트라'로 삼아라. 그런 다음 하루가 지나기 전에 적용할 기회를
찾아라.

'전략 19. 뻔뻔함이란 무기'를 선택했다면 위험을 무릅쓰고
모험을 시도하고 그로 인해 발생하는 개인적인 불편함이나 비판
에 대해 신경을 덜 쓸 수 있다.

'전략 3. 유머의 힘'를 선택했다고 가정해 보자. 하루 동안 마
주한 이상한 일들을 가볍게, 즐겁게, 유머로 보려고 더 큰 노력을
기울일 것이다. 다른 사람들이 너무 심각하게 임하는 회의에 참
석했다면 그 상황에 다소 무례한 질문을 할 권한을 자신에게 줄
수 있다. 조금 어색한 걸 봤다면 웃으면서 장난을 쳤을 수도 있
다. 만약 당신이 그것으로 게임을 만들고 싶다면 "일이 재미있을
때 숨겨진 진실을 찾아라."라는 조지 버나드 쇼의 신념을 연결할
수도 있다. 하루가 끝나면 깊은 통찰력 목록을 갖게 될지 누가 알
겠는가!

---

* 몇 가지 예를 살펴보자.
  - "단순할수록 좋다." (디자이너)
  - "무딘 칼이 날카로운 칼보다 더 위험하다." (요리사)
  - "안전한 항구를 떠나 멀리 항해해라." (모험을 좋아하는 사람)
  - "당신의 코드를 유지·보수하는 사람이 당신이 사는 곳을 아는 사이코패스라고
    생각하고 코드를 짜라." (프로그래머)

'전략 6. 뒤집어 질문하기'를 사용하면 다르게 작업할 수 있는 권한을 얻게 된다. 이를 닦고 머리를 빗기 위해 평상시 자주 사용하지 않는 왼손을 사용하고, 출근할 때 평소와는 다른 교통수단을 이용하며, 식사하기 전에 디저트를 먹는 등 이전과 다른 방식으로 작업을 한다.

'전략 17. 나는 무식하다!'를 선택하면 하루를 보내며 다양한 작업을 할 때 비판적이지 않은 사고방식을 채택할 수 있다.

'전략 8. 만약에 효과'를 선택하면 다음과 같은 특이한 생각을 떠올릴 수 있다. 모든 고등학교 생물학 수업을 듣는 학생들이 자신만의 해부용 시신을 가지고 있다면 어떨까? 그들은 사람 몸속을 속속들이 알게 될 것이다. 또한 자신을 잘 돌보는 것의 중요성을 직접 체험을 통해 배우게 된다.

'전략 15. 제대로 돌아가지 않는 것을 찾아라'를 선택하면 온종일 '쓰레기 탐지기'를 활성화할 수 있다. 자신의 핵심 가치를 살펴보고 당신의 행동이 그 가치에 부응하고 있는지 아닌지 알아내는 것부터 시작할 수 있다. 또한 이 전략을 정치인, 언론사, 광고, 형편없이 설계된 제품 등 한 가지를 약속하지만 실제로는 전혀 다른 행동을 보이는 모든 사람과 사물에 적용할 수 있다.

하루가 끝날 때 오늘의 만트라로 선택한 전략 메시지를 얼마나 자주 활용했는지 되짚어 보자. 현명한 바보 전략을 일상 주문으로 사용해 보면 당신 사고에 주문을 집어넣는 데 도움이 되는 좋은 방법이라는 사실을 알게 될 것이다.

3장.
즐겨라!

...

현명한 바보처럼 생각하는 능력을 기르기 위해서 정기적으로 꼬박꼬박 전략을 찾아볼 것을 강력하게 추천한다. 그때마다 현명한 바보 전략이 새롭고 독창적인 사고를 불러일으킬 뿐만 아니라 당신을 친절하게 안내해 주는 소중한 동반자가 될 것이다!

4장.
마지막 한마디

• • •

우리가 베테랑 수준의 현명한 바보에게 그들 사고방식의 기본 사항을 일부 공유해 달라고 청한다면 다음과 같이 알려줄 것이다.

"생각을 공유하고 당신에게 자극을 주며 적극적으로 제안을 해줄 사람을 곁에 두어라. 하지만 당신이 그들의 의견 대부분에 동의한다면 스스로 제대로 된 사고를 하고 있지 않다는 사실을 기억해라."

"군중들 가운데에서 눈에 띄는 행동을 하고 이상한 질문을 하며 인기 없는 아이디어를 제안하려면 용기가 필요하다. '방 안의 코끼리'라는 속담같이 다른 사람들이 토론하기 두려워하는 주제가 있을 때 특히 중요하다. 이런 상황에서 용기를 내는 것은 좋은 자질이다."

"어떤 상황에서도 유머를 잃지 않는다면 마음을 새롭게 할 수 있다. '바보 모니터'를 잠시 쉬게 해 긴장을 풀고 당신의 기본 믿음과 가정을 가지고 놀아라. 긴장을 풀고 대안을 찾기 좋은 분위기를 조성하는 데 약간의 불손한 만큼 좋은 것은 없다."

"가벼운 마음과 엉뚱한 생각이 개선할 수 없을 만큼 심각한 상황은 거의 없다. 사실 세상은 당신이 세상의 부조화와 불일치, 또 일반적인 기이함을 비웃는 것을 좋아한다."

"호기심을 가져라. 계속해서 '왜'라고 묻는 사람이 돼라. 다른 사람들이 때때로 당신을 건방진 녀석이나 골치 아픈 사람으로 여길 수도 있다. 하지만 현명한 바보의 사고 특징 중 하나는 끈질기게 질문을 던지는 것이다."

"앞으로 나아가는 데 방해되는 장애물이 있다면 다른 방식을 시도할 기회로 삼아라. 지식은 새로운 아이디어를 만드는 재료지만 적절한 시기에 당신이 알고 있는 지식을 잊어버리면 놀라운 통찰력을 얻을 수 있다."

"당연하게 여기는 것만큼 당신의 관심을 끈질기게 피하는 것은 없다. 뻔한 것을 파악하고 바로 눈앞에서 좋은 방안을 찾아라. 또한 존재해야 하거나 일어나야 하지만 일어나지 않는 일에도 주목하라."

"놀이는 머리가 잘 돌아가게 해주는 최고의 활동 중 하나이다. 문제를 가지고 놀고 있을 때는 실현 가능성이나 실패에 대해 걱정하지 마라. 한두 가지 제약 조건을 제거하거나 더 좋은 방법으로 기존 해결책을 넘어서는 조건을 추가해 보라. 또한 일 대부분은 더 재미있게 함으로써 개선할 수 있다."

"현실은 모호하다. 초록색은 지리 지도에서 '낮은 땅'을, 가스통 라벨에서는 '아르곤'을, 탄트라 요가에서는 '낙원'을 나타낸다. 마찬가지로 우리가 마주하는 여러 상황은 생각하는 맥락에 따라 다양하게 해석할 수 있다. 이런 모호함은 우리에게 창의적인 자유를 준다.

"같은 문제를 다시 한번 해결하려고 시도할 때는 완전히 다른 방향에서 접근해야 한다. 직면하고 있는 문제와 상반된 문제를 연구하면 새로운 관점을 얻을 수 있다. 보통은 상투적인 방법과 상반된 방식으로 일하면 숨겨져 있던 가능성을 발견할 수 있다."

"한때 당신에게 성공을 안겨준 전략이라도 결국 실패나 부진으로 이어질 수 있다. 성장하기 위해서는 앞서 당신이 번영하고 성공하는 데 도움을 주었던 바로 그 전략을 버려야 할 때가 있다. 다르게 생각하려면 새로운 발상을 떠올리는 것도 중요하지만 한

물간 생각을 버리는 것도 중요하다. 특정 아이디어와 사랑에 빠지지 마라. 어떤 아이디어와 사랑에 빠지면 그 아이디어를 버리기가 너무 어려워진다."

"당신 생각보다 당신이 아는 지식은 적다. 자신에게 하는 거짓말을 조심하라. 자기기만은 모든 생명체가 지닌 특성이자 생존에 필수 요소이다. 자신의 인지적 맹점, 지각적 제약, 사회적 편견을 인식한다면 더 나은 결정을 내리는 데 도움이 된다."

"자신감이 당신의 성과에 어떤 부정적 영향을 미치는지 확인해 보라. 특히 과거 성취에 근거한 자신감은 칭찬할 만하지만 이로 인해 오만해진다면 실패를 자초할 수도 있다. 겸손한 태도를 유지하는 것은 다른 해결책을 찾는 훌륭한 수단이다."

"우리가 사는 세상은 예측할 수 없는 곳이다. 예상치 못한 그리고 의도하지 않은 일들이 발생한다. 방금 떠올린 해결책이 어떤 방향으로 흘러갈지 또는 어떤 문제를 일으킬지 결코 알 수 없다."

"당신은 매일 새로운 것들을 배운다. 이전에 옳다고 여겼던 내용에 대한 환상을 버리는 학습을 해라."

"그리고 한 가지 더, 현명한 바보처럼 생각하는 법은 하나가 아니다. 당신만의 현명한 바보 전략을 찾아내고 다른 사람과 상호작용할 때 그 전략을 공유하라! 이런 유형의 사고에 관여하고 긍정적인 영향을 미칠 수 있는 많은 상황을 발견하라."

당신은 현명한 바보 전략을 충분히 알고 있다.
그 전략들을 잘 활용해서 창의적 이단아가 되자!

The Creative Contrarian

1%의 생각법

초판 1쇄 인쇄 2022년 12월 21일
초판 1쇄 발행 2023년 1월 5일

지은이 로저 본 외흐
옮긴이 이상미
펴낸이 유정연

이사 김귀분
책임편집 서옥수 **기획편집** 신성식 조현주 심설아 유리슬아 이가람 **디자인** 안수진 기경란
마케팅 이승헌 반지영 박중혁 **제작** 임정호 **경영지원** 박소영

펴낸곳 흐름출판(주) **출판등록** 제313-2003-199호(2003년 5월 28일)
주소 서울시 마포구 월드컵북로5길 48-9(서교동)
전화 (02)325-4944 **팩스** (02)325-4945 **이메일** book@hbooks.co.kr
홈페이지 http://www.hbooks.co.kr **블로그** blog.naver.com/nextwave7
출력 · 인쇄 · 제본 (주)상지사 **용지** 월드페이퍼(주) **후가공** (주)이지앤비(특허 제10-1081185호)

ISBN 978-89-6596-553-4 03320

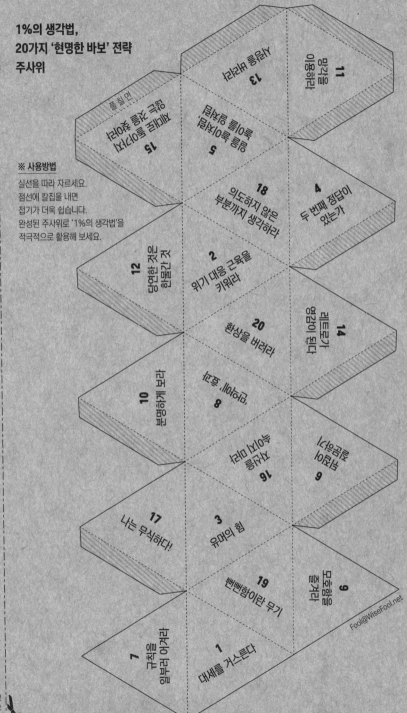

1%의 생각법, 20가지 '현명한 바보' 전략 주사위

※ 사용방법

실선을 따라 자르세요.
점선에 칼집을 내면
접기가 더욱 쉽습니다.
완성된 주사위로 '1%의 생각법'을
적극적으로 활용해 보세요.